모두가 기분 나쁜 부동산의 시대

모두가 기분 나쁜 부동산의 시대

문재인 정부 부동산 백서	김민규 지음

"왜 지금 무주택자도, 1주택자도, 다주택자도 모두 좌절하는가?"

빅피시
BIG FISH

차
례

3 | 10억 원 아파트 시대가 펼쳐지다

4 | 앞으로의 부동산

강남 아파트는 왜
10억 원에서 30억 원이 되었나?

《돈이 없을수록 서울의 아파트를 사라》를 출간한 지 4년이 흘렀다. 지금 돌이켜 보면 그때는 누구나 쉽게 서울에서 집을 살 수 있었던 시기 같지만, 당시에도 집을 산다는 것은 상당한 용기와 결심이 필요한 일이었다. 당시에는 집값의 70%까지 대출받을 수 있었지만 최대한으로 대출을 받아 집을 사겠다는 사람은 그리 많지 않았다. 오히려 글로벌 금융 위기 이후 오랫동안 이어진 주택 시장 하강기를 겪으며 굳어진 믿음, 즉 이제 부동산은 큰돈이 되지 않을 것이며 주거는 전세로 해결해도 충분하리라는 생각이 많은 사람의 머릿속을 지배하고 있었다.

그러나 동시에 당시는 아파트 전세가가 매매가의 80% 선을 넘나들면서 사용 가치와 투자 가치의 간극이 가장 좁아져 있던 때이기도 했다. 또 저출생과 노령화를 걱정하는 시대적 분위기와는 달리 실제로 주택 시장의 핵심 수요층인 30~65세 사이 인구는 증가하고 있었고, 가구당 세대원 수의 감소로 주택에 대한 양적 수요는 계속 팽창하고 있었다.

질적으로 봐도 서울 시내 아파트 중 2000년 이전에 준공된 집이 60%를 차지하여 주택 노후화에 따르는 문제가 제기되기 시작했으며, 1인당 점유 면적은 계속 증가하여 양질의 주거에 대한 요구가 날로 커지고 있었다.

이러한 시대적 상황에서 2017년 5월 10일 취임한 문재인 정부는 '서민 주거 안정 및 실수요자 보호'를 부동산 정책의 가장 큰 원칙으로 삼았다.[1] 수도권 인구 집중이 심화되고 주택의 양적 공급 자체가 문제였던 1980~1990년대의 1기 신도시 개발 패러다임을 지나 이제 곳곳에 아파트촌이 들어서고 서울 시내에 뉴타운이 자리 잡은 형편이었다. 주택 보급률이 100%를 넘는 양적 확대의 시대에 들어섰지만 여전히 주택 매매 가격은 상승 곡선을 그렸고, 실수요자가 내 집을 마련하기 어렵다는 문제의식

---

1   대한민국 정책 브리핑: 부동산 정책 https://www.korea.kr/special/policyCurationView.do?newsId=148865571

이 부동산 정책의 중심에 있었다. 또 전월세 가구가 10년 동안 100만 가구 이상 증가했으나 70% 이상이 민간 임대에 의존하는 구조여서 임차인의 주거 안정성이 충분히 보호되지 못한다고 진단했다. 특히 젊은 세대가 집값 문제로 결혼과 출산을 미루고 은퇴로 소득이 낮아진 고령층의 안정적 생계가 위협받는 상황에서 주거 딜레마를 어떻게 해결할 것인지에 집중했다.

집중 투하된 부동산 정책의 결과

2017년 6월 19일 문재인 정부의 첫 부동산 대책이 나온 이래 현재까지 4년간 총 26번의 대책이 집중 투하됐다. 그러나 애석하게도 그 성적은 모든 국민이 체감하고 있다시피 그리 좋지 않다. 문재인 정부 출범 당시인 2017년 5월 6억 600만 원이던 서울 시내 아파트 중위 가격은 이제 10억 원 수준에 도달했으며, 당시 10억 원 초중반대를 형성했던 강남 아파트 가격은 이제 30억 원이라고 해도 이상하지 않은 상황이 됐다. 이는 단지 서울 시내에만 국한되지 않아 경기도 신도시 아파트의 가격도 4년 전 대비 두 배 이상으로 오른 경우가 속출했고, 그나마 매매 가격 상승 대비 더딘 흐름을 보여 오던 전세 가격마저 작년 이후 단기간에 급하게 올라 큰 사회적 문제가 되고 있다.

이러한 문제의 원인을 하나로 지목할 수는 없다. 그러나 분명한 것은 무려 26번에 걸친 정부 정책이 나올 때마다 시장에 의도하지 않은 엉뚱한 영향을 주었다는 것이다. 또 너무 단기간에 많은 정책적 조치들이 거듭 발표되다 보니 충분한 검토나 사회적 합의 없이 그때그때 땜질식으로 덧입혀지면서 나중에는 각각의 제도나 규제가 서로 상충되는 일도 속출했다. 그 와중에 주택 정책을 결정하는 인사들의 자기 모순적 언행이나 '내로남불'식 행동, 실언이 더해지면서 국민들의 실망이 쌓여만 갔다. 일정 시점부터는 정부 규제가 역치를 넘어 아무리 새로운 규제가 나와도 약발이 듣지 않았고, 시장 참여자들이 오히려 비웃듯 우회로를 찾는 상황까지 초래됐다.

그런데 개개인에게 부동산이란 단순히 돈을 벌고 말고 하는 성격의 문제가 아니다. 우리는 경제 활동을 해 자본을 축적하고 이를 통해 주거 안정을 얻고자 평생 동안 애쓴다. 첫 집을 마련했다고 해서 고민이 끝나지 않고, 아이가 태어나고 자라면서, 열심히 일한 만큼 생활수준을 높여 나가면서 좀 더 나은 주거에 대한 갈증을 느낀다. 작은 집에서 좀 더 넓은 집으로, 좀 더 시내와 가까워 생활 여건이 편리한 곳으로, 이왕이면 새집으로 옮기고 싶은 것이 보통 사람들의 평범한 바람이며, 이것은 투기적 기대나 차익 실현 욕구를 넘어선다. 좀 더 안정적인 생활 기반을 확보한다는 차원에서도 집 문제는 최우선적으로 해결해야 할 과제일 수밖에 없다.

그래서 나는 평범한 사람들이 이 과정에서 시간의 배신을 당하지 않기를 바라는 마음에 2017년 7월 《돈이 없을수록 서울의 아파트를 사라》를 출간했다. 그러나 안타깝게도 최근 몇 년간 내 집 마련의 무게는 훨씬 무거워졌고, 집을 가진 사람과 갖지 못한 사람의 자산 격차는 더 많이 벌어졌으며, 이제 근로 소득으로는 그 격차를 따라갈 엄두가 나지 않는 수준이 돼 버렸다.

보통의 사람들이 더 잘 알아야 할 부동산 문제들

———

나는 지난 4년간 우리가 목도해 온 부동산 정책의 전개 과정을 이 책에 세밀하게 기록하고자 한다. 이를 통해 과거의 정책이 어떤 측면에서 잘못된 판단이었으며 어떤 부작용들을 낳았는지 돌아보고 역사의 교훈으로 삼아 앞으로 다시는 동일한 실수를 반복하지 않았으면 한다.

또 단순히 정책의 내용만 나열하듯 적지 않고 지난 4년간 시장의 참여자이자 목격자로서 시기별로 있었던 생생한 이야기들을 기록하고자 했다. 그뿐 아니라 사람마다 정책의 뜻을 어떻게 받아들이고 입장 차이를 보였는지 조망함으로써, 부동산 문제가 단순히 이상적 목표나 당위만으로는 절대 해결할 수 없는 문제라는 것을 짚어내려 했다. 더 나아가 우리 사회가 좀 더 바람직한 부동산 해법을 찾기 위한 단서들도 남기고 싶었다.

이 문제는 우리 사회를 살아가는 개개인도 반드시 알고 대응해야만 하는 중요한 주제다. 정책은 개인의 삶에 직접적인 영향을 미친다. 특히나 부동산 문제는 우리가 생활하는 주거를 직접적으로 겨냥하기 때문에 모른 척하거나 가벼이 여길 수 없는 성격을 가진다. 그러나 짧지 않은 기간 동안 너무 많은 정책들이 쏟아졌고, 시장에 가해진 작용들이 누적돼버려 이제 그 과정을 정확하게 이해하는 것조차 어렵고 부담스러운 일이 되었다.

이 책은 평범한 눈높이에서 세상을 바라본 기록으로, 나 같은 보통의 사람들이 부동산 문제의 현실을 파악하고 해석하는 데에 도움을 주기 위해 쓰였다. 또 지난 시간을 반면교사로 삼아 개인의 관점에서 정책을 어떻게 바라보고 대응해야 할지에 초점을 두고자 했다. 이를 통해 '벼락 거지'라는 황당한 신조어가 난무하는 세태 속에서 혼자 소외되지 않고 더 나은 내일을 준비하는 데 보탬이 되었으면 한다.

하나의 바람은 이 책이 정치적 공방을 위한 소재로 소비되거나 특정인을 단순히 비방하기 위한 목적으로 사용되지 않았으면 하는 것이다. 특히 정부 정책에 대한 막연한 반감으로 정념을 쏟아 내는 도구가 되기를 원하지 않는다. 이미 지나간 사건과 관련해 앙심을 품어 봐야 변하는 것은 없으며, 결과를 되돌릴 수도 없다. 내가 좀 더 주목하는 지점은 당시 정책 지향점과 판단 근거, 그 과정에서 간과한 사실에 대한 아쉬움이지 비판 그 자체가 이 책을 쓰는 목적이 아니라는 점을 분명히 하고 싶다.

4년 전 초보 작가로서 발칙한 제목의 책을 낸 내가 두 번째 책을 쓰기까지 많은 분의 도움이 있었다. 특히 첫 책을 함께 출간했으며 이번에도 든든한 지원군이자 글의 객관적 견제자가 돼 주신 빅피시의 이경희 편집자께 깊은 감사를 표한다. 책이 나오기 전에 원고를 먼저 읽어 주시고 뼈 있는 조언을 아끼지 않으신 로이터통신 유춘식 수석 특파원님과 조선비즈 부동산부 이재원 부장님, 스마트튜브 김학렬 소장님, 삼프로TV 이진우 기자님, 한국경제 집코노미TV 전형진 기자님, 머니투데이 방송 〈발칙한경제〉 권순우 기자님께도 이 자리를 빌려 감사드린다. 꾸준히 글을 쓸 수 있도록 관심을 갖고 지켜봐 주신 온라인, 오프라인의 모든 친구들과 독자들께도 많은 빚을 졌다. 모쪼록 이 책이 험한 세상을 다 같이 함께 헤쳐 나가기 위한 위로와 단서가 되기를 바란다.

어떤 경제관을 가지고 이 세상을 살아야 할지를 온몸으로 일러 주신 부모님과 온 마음으로 사위와 딸, 손자들을 품어 주시는 장인어른, 장모님이 아니었다면 이 책은 나올 수 없었을 것이다. 본업에 더해 책을 쓴답시고 휴일이면 서생처럼 방에 틀어박혀 글만 짓던 남편을 믿고 지지해 준, 사랑하는 아내 영화 그리고

어느새 부쩍 커 버린 유빈, 유안이와 출간의 기쁨을 함께 나누고
싶다.

1

결국은
아파트가 문제

5,000만 원이 오를까,
1억 원이 오를까?

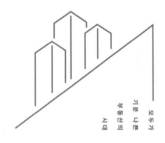

2017년 5월 10일, 문재인 정부가 5년간의 임기를 시작했다.

촛불 집회와 탄핵 정국 속에서 출범한 새 정부에 대한 기대는 남달라서 출범 초기 대통령 국정 수행 지지도가 무려 80%대를 기록했다. 국민들의 압도적인 지지를 등에 업고, 이른바 적폐 청산을 중심으로 한 개혁 방향성이 뚜렷해지고 있었다.

어떤 국정 과제든 파죽지세로 추진할 수 있는 상황이었지만, 부동산 문제만큼은 부담스럽고 껄끄러운 대상이었다. 이미 10년 가까이 지난 참여정부 시절 부동산 정책 실패의 기억이 새 정부 인사들에게 생생하게 남아 있어 이 문제를 잘 관리하지 못하면 이번에도 정권의 성패를 가르는 문제가 되리라는 인식이 뚜렷했기 때문이다. 게다가 촛불 민심으로 탄생한 정부였으니 서민 부동산 가격 안정이 다른 어떤 주제보다 중요한 화두일 것임은 굳이 이야기할 필요가 없었다.

서민 주거 안정과 세입자 보호 중심의 주거 복지에 초점을 맞춘 부동산 정책은 대통령의 공약이었다. 5년간 총 85만 가구의 공공 임대 주택을 공급하고, 신혼부부와 청년층에게 우선적으로 기회를 주겠다는 목표가 더해졌다. 한편 LTV(Loan to Value Ratio, 담보 인정 비율), DSR(Debt Service Ratio, 총체적 상환 능력 비율) 등을 통해 대출 규제를 강화하고, 가계 부채는 좀 더 엄격하게 관리하겠다는 입장도 내세웠다. 주택 전월세 상한제와 계약 갱신 청구권을 단계적으로 도입해 세입자 보호를 강화하고, 부동산 보유세를 점진적으로 인상해 GDP의 1% 수준으로 상향하는 방안도 내비쳤다.

기지개를 펴기 시작한 서울 아파트 시장

그러나 임기 초부터 부동산 문제는 새 정부의 골치를 썩였다. 당시에는 주택 경기가 되살아나면서 대규모 분양이 몰려 있었는데, 지금은 입주가 완료된 고덕롯데캐슬베네루체(1,859세대), 보라매SK뷰(1,546세대), 한강메트로자이(3,598세대), 목동센트럴아이파크위브(3,045세대) 등이 모두 이 시기에 분양됐다. 당시 서울 시내 신축 아파트는 비강남권을 기준으로 대략 6억 원 내외의 분양가를 형성하고 있었는데, 사람들의 관심은 대부분 '이 아파트를 분양받으면 입주 때까지 5,000만 원이 오를까, 1억 원이 오를까'에 닿아 있었다.

당첨만 되면 분양가 대비 수억 원의 시세 차익이 보장된다는 요즘 분위기와 비교하면 지나치게 소박한 이야기지만, 당시에는 그것이 일반적인 기대치여서 분양가 대비 5,000만 원이 안 오를 것 같은 아파트는 청약이 미달되기도 하고, 5,000만 원이 오를 것 같은 아파트는 높은 청약 경쟁률을 기록하며 흥행하는 것이 보통이었다. 서울 시내 신축 아파트 분양은 일반적으로 1순위 서울 지역 청약자만으로 마감되었기 때문에, 1순위 청약에 1만 개의 청약 통장이 몰렸느냐, 그보다 적은 수가 들어왔느냐를 기준으로 흥행 여부를 가늠하곤 했다.

실제로 신길 뉴타운 보라매SK뷰는 주력 면적인 전용 면적 $84m^2$형을 층과 타입에 따라 6억 800만 원~6억 8,600만 원, 즉 평균 6억 원 중후반대에 분양했는데 특별 공급을 제외한 527가구 모집에 1만 4,589건의 청약이 몰리면서 평균 27.7:1이라는 높은 경쟁률을 기록했다. 이는 분양가 6억 원이 넘으면 2.2%의 취득세를 내야 한다는 불리한 조건에도[2] 인근 신길래미안에스티움 $84m^2$

형이 당시 이미 7억 원 중반대의 호가를 보이던 상황이었기 때문에 취득세와 중도금 이자를 감안해도 5,000만 원 이상은 무난하게 남으리라는 시장의 계산에 따른 결과였다.

한편 당시 분양 단지 가운데 기억에 남는 곳이 하나 더 있는데, 신정 뉴타운에 위치한 목동센트럴아이파크위브다. 이 단지는 전용 면적 $84m^2$를 기준으로 5억 1,700만 원~5억 8,900만 원, 즉 평균 5억 원 중후반대의 분양가를 형성했는데 취득세 1.1% 구간에 드는 6억 원을 강하게 의식하면서도 고층은 그 선을 꽉 채워 분양하는 모습을 보였다. 당시 $84m^2$의 일반 분양 물량은 1,000세대가 넘었는데, 신축 아파트라면 무조건 당첨부터 되고 보자는 지금의 분위기와 달리 이 물량을 이 가격에 모두 소화하기란 상당히 부담스러운 일이었다.

더군다나 해당 단지는 김포공항으로 착륙하는 비행기가 지나는 선상에 있어 항공기 소음 문제가 거론되고 있었다. 목동 인접 생활권이라고는 하나 큰길을 두고 떨어져 있었고, 신정네거리역이 존재하지만 2호선 지선이라는 한계도 걸림돌로 작용했다. 그 때문이었을까? 실제 청약 결과 특별 공급을 제외한 총 982가구

---

2 당시에는 주택 취득세율이 6억 원 이하 1.1%, 6억 원 초과 9억 원 이하 2.2%, 9억 원 초과 3.3%(농어촌특별세 제외)로 계단식으로 형성돼 서울 시내 아파트라도 6억 원을 넘느냐, 마느냐가 중요한 경계였다.

모집에 5,435명이 몰리며 평균 5.53:1의 경쟁률을 기록했는데, 앞서 보라매SK뷰에 1만 4,589건의 청약이 몰린 것에 비하면 저조한 수치였다.

물론 지금의 시각에서는 의미 없는 비교이고 지나간 시절의 단상일 뿐이다. 2021년 현재 목동센트럴아이파크위브 전용 면적 84m^2의 실거래가는 12억 9,000만 원이 넘었고, 전세 가격도 8억 원에 닿았다. 당시 단점으로 지적되던 점을 아직까지 기억하는 사람은 많지 않고, 서울 시내 요지의 신축 아파트라는 위상은 더욱 굳건해지고 있다. 보라매SK뷰 전용 면적 84m^2의 시세가 15억 3,000만 원대, 전세 가격이 8억 5,000만 원 수준인 것과 비교해도 분양가 대비로 보면 큰 차이 없이 큰 폭의 가격 상승을 나타냈다.

2017년 당시 서울 시내 신축 아파트 분양이 활기를 띠었지만, 이 역시 그즈음의 일이었을 뿐이다. 그보다 5년 전인 2012년에 분양한 마포래미안푸르지오는 전용 면적 84m^2의 분양가가 6억 7,500만 원~7억 3,900만 원으로, 평균 7억 원 초중반대의 가격을 형성했다. 그러나 글로벌 금융 위기의 여파에 3,885세대라는 대규모 공급까지 겹쳐 당시 마포래미안푸르지오의 중대형 평수는 2014년까지도 미분양을 면치 못했다. 2017년 6월 당시 마포래미안푸르지오의 84m^2형 시세가 9억 원 내외로 취득세 3.3% 선에 갇혀 있었던 것을 생각해 보면 서울 시내 아파트 시장은 2017년 당시 막 기지개를 펴던 참이었다고 이야기할 수 있을 것이다.

분양 시장 과열에 대한 염려

정부는 이러한 분양 시장 과열을 다소 우려했던 것 같다. 새 정부가 들어서고 처음 발표한 부동산 대책이었던 6.19 대책은 분양권 거래를 직접적으로 겨냥했다. LTV를 70%에서 60%로, DTI(Debt to Income Ratio, 총 부채 상환 비율)를 60%에서 50%로 줄이는 대출 규제가 나오기는 했으나 다소 제한적이었고, 그나마 5억 원 이하 아파트를 부부 합산 연소득 6,000만 원 이하의 가구가 매입하는 경우에는 적용하지 않았다. 반면 분양권 거래는 기존에 강남권(강남, 서초, 송파, 강동)에서만 소유권 이전 등기 시점까지로 제한하던 것을 서울 전역과 광명시 전체로 확대했다. 즉, 앞으로 서울에서 분양받은 아파트는 입주할 때까지 되팔기가 금지된다는 의미였다.

공식적 규제 조치와 함께 비공식적 제재도 따랐는데, 6.19 대책을 전후로 국토교통부는 분양권 불법 전매, 청약 통장 불법 거래와 더불어 이른바 '떴다방'에 대한 집중적인 현장 단속에 나섰다. 당시 구성된 관계 기관 합동 현장 점검반만 해도 99개조 231명에 달한 것으로 알려졌으며, 관할 세무서도 합세해 이른바 다운 계약 등을 적발했다. 현장에서는 부동산 공인 중개사들이 단속을 피해 단체로 문을 닫기까지 하면서 숨죽였다.

그러나 그 영향은 오래가지 못했다. 2017년 7월 입주자를 모집한 판교더샵퍼스트파크(1,223세대)의 당첨자 발표일이던 7월 13일 자정, 이를 비웃기라도 하듯이 모델 하우스 앞에 떴다방과 당첨자, 매수 대기자 100여 명이 몰려 야시장이 벌어졌기 때문이다. 성남시는 조정 대상 지역으로, 당첨 후 1년 6개월간 분양권 전매가 금지됐지만 현실에서는 이러한 규제가 무력했다. 당일 형성된 분양권 웃돈(프리미엄)은 전용 면적 $84m^2$ 기준 3,000~4,000만 원에 대형 평수의 경우 최고 1억 3,000만 원에 달했다고 한다.

좀 더 강력한 한 방이 필요한 시점이었다.

부동산 정책 실패에 대한 트라우마

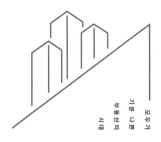

2017년 8월 2일, 정부는 '실수요 보호와 단기 투기 수요 억제를 통한 주택 시장 안정화 방안'이라는 거창한 제목의, 모두가 8.2 대책이라고 부르는 두 번째 대책을 발표했다. 이 대책은 국토교통부뿐만 아니라 기획재정부, 금융위원회, 국세청 등이 참여해 '관계 부처 합동'이라는 이름으로 발표됐지만, 사실 실제로 이 대책을 설계하고 주도한 사람은 김수현 당시 청와대 사회수석이었다.

그가 참여정부 시절 부동산 정책을 주도했다는 것은 잘 알려져 있다. 또 당시 쏟아진 17번에 달하는 부동산 대책도 집값을 잡기에는 역부족이었고, 결국 노무현 정부 초 대비 크게 오른 집 값은 2008년 글로벌 금융 위기를 겪으면서야 진정 국면에 들어섰다는 사실도 많은 이들의 기억에 흐릿하게나마 남아 있다.

그는 기자 회견에서 당시의 실패에 대해 "부동산 수요를 억제하고 공급을 확대하는 정책을 폈지만, 시장에 지나치게 많은 돈이 풀려 있는 유동성 과잉이 집값 폭등의 원인이라는 사실을 너무 늦게 깨달았다"라고 설명하면서, "이번 8.2 대책은 참여정부가 마지막에 내놨던 가장 강력한 수준의 정책을 그대로 적용한 것"이라고 했다. 또 "이 정부는 부동산 가격 문제에 있어서 물러서지 않을 것"이라며 다주택자들에게 "내년 봄 이사철까지 팔 기회를 드리겠다"라고 엄포를 놓기까지 했다.

8.2 대책의 내용을 돌아보기에 앞서 김수현 수석의 머릿속에 있는 키워드 몇 가지를 짚어 볼 필요가 있다. 그는 저서 《꿈의 주택정책을 찾아서》에서 모두가 자가 주택을 보유하는 사회 owner's society는 가능하지 않으며, 자가 보유율은 OECD 선진국의 사례에 비추어 볼 때 50~60% 수준이 한계치라고 지적한다. 그 근거로 미국의 경우 세계 어느 국가보다 대출로 개개인이 집을 소유하도록 유도해 왔지만, 서브프라임 사태 한 번으로 일시에 집단 부실화되면서 중산층이 망가지는 원인을 제공했다고 이야기한다.

그러면 나머지 주택 수요는 임대 주택으로 공급해야 하는데,

그렇다고 정부가 모든 재원을 투입해 공공 임대 주택으로 이에 대응하는 것도 가능하지 않다. 재원의 한계도 있으나 선진국의 공공 임대 주택 사례에서 보듯, 자칫하면 사회적 게토(ghetto, 빈민가)화의 위험이 있어서 결국 전체 주택 수요 중 20~30% 수준의 공급은 민간 임대 주택으로 해결할 수밖에 없다는 것이었다.[3]

2016년 말 기준으로 우리나라 가구의 주택 소유율은 55.5%였으며, 서울은 이보다 조금 낮은 49.3%로 나타났다.[4] 그렇다면 서울 거주 가구의 절반은 임차한 주택에 거주 중이라는 것인데, 공공 임대 주택은 총 주택의 8% 내외에 불과해[5] 사실상 40%에 달하는 가구가 민간 임대 시장에 노출돼 있는 상황이었다. 그러나 전월세 거래는 개인 간의 사적 계약 성격이 강해서 현황을 파악하기가 쉽지 않고, 제도적 보호 장치를 만드는 데도 제약이 있었다.

그의 철학대로라면 이미 전체 가구의 절반 이상이 자가 주택을 보유한 상황에서 주택 매수를 장려할 이유를 찾기는 어렵다. 특히나 시장 유동성이 풍부한 상황에서 돈이 주택 시장으로 몰리면 집값이 상승할 것이 뻔했다.

그렇다고 단기간에 공공 임대 주택을 대규모로 늘리는 것도

---

3   김민규, '주택 정책의 늪: 8.2 대책 3주년에 즈음하여', 〈동향과 전망〉 110호
4   '2016년 주택 소유 통계', 통계청
5   '공공 임대 주택 공급 실태와 거주자 특성', 통계개발원

현실적 한계가 있다. 따라서 민간 임대 시장에서 가격 질서를 어떻게 안정화하고 제도권 내에서 관리할지가 대통령의 부동산 공약인 '서민 주거 안정과 세입자 보호 중심의 주거 복지'를 위한 제1 과제가 될 수밖에 없었다.

또 부동산 시장의 가격 안정화를 위해서는 가능하면 투기 목적의 가수요는 줄이고, 실수요 중심의 시장을 형성할 필요가 있었다. 이를 위해서는

① 다주택자가 집을 과다하게 보유하거나 추가로 매수하는 것을 억제하고,
② 자본이 부족한 개인이 시중 유동성에 기대 과도하게 빚내서 집 사는 것을 지양하며,
③ 굳이 집을 사지 않더라도 안정적 임차 거주가 가능하도록 유도하는

것이 정책의 기본 방향이 될 수밖에 없었다. 그리고 이러한 생각을 바탕으로 문재인 정부 부동산 정책의 종합판으로 집대성된 것이 바로 2017년 8월 2일의 8.2 대책이었다.

공급이
충분하다고?

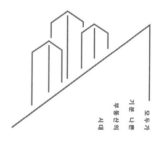

모두가
기를 나들
부동산의
시대

지금이야 전국 주택 보급률이 100%를 넘었다는 이야기도 나오고 수도권 전역에 신도시가 들어서 아파트촌으로 변모했지만, 우리나라 산업화의 역사는 집 전쟁이었다고 이야기해도 크게 틀리지 않을 것이다. 고도 성장기를 거치며 서울로 모여든 사람들에게 거주 공간이 필요했는데 단기간에 이 수요에 대응하기란 늘 어려운 일이었다. 이에 대한 해결책이 1980년대 목동, 노원의 0기 신도시와 1990년대 일산, 분당, 부천, 평촌, 산본 같은 1기 신도시였다. 이후 2000년대 뉴타운 사업을 거쳐 2010년대에 2기 신도시까지 들어서면서 우리나라는 명실상부한 아파트 공화국으로 거듭났다.

그러나 공급은 여전히 필요했다. 우선 결혼과 분가로 매년 새롭게 주택 시장에 진입하는 젊은 세대의 수요에 대응해야 했다. 더욱이 기대 수명 증가로 총인구와 경제 활동 인구가 모두 증가하는 터라 아직까지는 주택 수요가 계속 늘어나고 있었기 때문에 어떤 형태로든 새로운 집이 필요할 수밖에 없었다.

게다가 수요자들의 관점에서 볼 때 집이라고 다 같은 집이 아니었다. 우선 교통 여건이 좋아 통근이 편리한 직주 근접 지역에 대한 선호가 강했다. 또 주거 형태로 보면 이미 유년 시절부터 아파트 생활을 직간접적으로 경험한 세대가 본격적인 주거 수요자로 성장했기 때문에 다세대 주택이나 빌라보다 아파트를, 낡고 오래된 집보다 신축을 기대한다는 점을 빼놓고 이야기할 수 없는 상황이었다.

1인 가구까지는 오피스텔이라는 대안이 시내 곳곳에 들어서 월 몇십만 원에 월세를 구하는 것이 그리 어렵지 않은 상황이었지만 결혼과 자녀 양육을 고려하고 맞벌이로 일정한 경제력을 가지기 시작하는 2~3인 가구는 아파트를 절대적으로 선호했다. 지난 4년간 주택 시장에서 문제가 된 것도 결국 아파트였고, 그중 서울의 아파트가 그 중심에 있었기 때문에 이 책에서는 이 부분을 중점적으로 이야기하고자 한다.

아파트가 너무 부족하다

2017년 기준으로 서울 시내에는 아파트가 약 160만 호 있었는데, 이 중 입주 20년을 바라보거나 넘어선 집이 거의 100만 호에 달했다. 반면 입주 10년 미만의 신축 아파트는 약 30만 호 수준에 불과했으며, 평균적으로 1년에 3만 호 내외의 아파트가 지어지는 데 그쳤다.

여기에는 여러 이유가 있겠지만 가장 큰 문제는 서울 시내에 개발할 만한 땅이 한정적이라는 데 있었다. 일단 서울 시내에 아예 개발되지 않은 빈 땅이 없기 때문에 기존 주거지를 부수고 재개발하는 것이 새집을 짓는 유일한 방법이다.

그러나 2000년대 중반 이후 서울 곳곳에서 시행된 뉴타운 사업은 기대하지 않은 결과를 남겼다. 막상 재개발을 하고 나니 원래 그곳에 살던 주민은 다시 정착하기 어려워 밀려나고, 비싼 아파트만 들어서는 부작용이었다.

상식적으로 저층 주거지를 재개발해 고층 아파트를 지으면 집이 늘어날 것 같지만 그렇지 않았다. 재개발 전에는 면적이 작은 원룸, 투룸, 다가구 주택이 다닥다닥 붙어 있던 곳에 가구당 20~30평대의 아파트를 지으니 용적률을 높여도 이전보다 가구 수가 줄어드는 경우가 속출했기 때문이다. 주거 안정을 위한 재개발 사업이 오히려 서민 주거를 위협하고, 공급 가구보다 멸실

가구가 많다는 문제가 누적되자 서울시는 뉴타운 사업을 재검토했고, 이로 인해 아파트 공급에 제동이 걸렸다.

　그렇다면 남은 방법은 재건축뿐이었는데 이 역시 쉬운 문제가 아니었다. 재건축은 기존에 아파트가 들어서 있던 곳에 새 아파트를 짓는 방식으로, 이미 200% 내외의 용적률로 지어진 집을 부수고 250%의 용적률로 지어 봐야 새로 늘어나는 집은 제한적일 수밖에 없었다. 편의상 단순하게 계산해 용적률 200%의 1,000세대 아파트를 부수고 같은 평수를 용적률 250%로 재건축하면 1,250세대를 지을 수 있는데, 순증 효과는 250세대에 불과하고 기부 채납 등을 고려하면 실제 효과는 그보다 더 적다. 그런데 재건축의 경우 오래된 집이 새집으로 재탄생하면서 불가피하게 가격을 자극했고, 특히 입지가 좋고 비싼 지역일수록 사업성이 좋으니 더욱이 서민 주거 안정이라는 목적과 거리가 있었다.

　그러나 냉정히 계산해 보면 서울 시내에 공급되는 연간 3만 호 내외의 아파트란 너무도 적었다. 아파트가 지어진 지 30년을 넘어 40년을 바라보면 노후화 문제가 본격화되는데, 이미 서울에는 1990년 이전에 지은 집이 거의 50만 호에 달했다. 단순하게 계산해 서울 시내 아파트 160만 호의 수명을 50년으로 본다면, 매년 2%인 3만 2,000호씩 부수고 다시 지어야 주거 환경의 악화를 막고 현상을 유지할 수 있는 셈이었다. 그것도 주택 시장 참여자가 특별히 늘지 않는다고 가정할 때 이야기다. 그러나 이

것이 쉬울 리 없었으니 서울 시내 아파트라는 재화는 이미 기득
권적 성격을 가지고 있었다.

수요와 공급이라는 심리적 변수

이런 상황에서 8.2 대책은 공급 측면에서의 현실 인식이 무척이
나 아쉬웠다. 정부는 시장 상황을 "서울과 수도권의 최근 주택
공급량은 예년을 상회하는 수준으로 공급 여건은 안정적인 편"
이라고 진단하며, 서울에만 매년 7만 호 이상의 입주 물량이 꾸
준히 들어서고 있다고 발표했다.

서울 및 수도권 입주 물량 전망

구분	2017년	2018년	5년 평균	10년 평균
서울 입주 물량	75,000호	74,000호	72,000호	62,000호
수도권 입주 물량	286,000호	316,000호	205,000호	195,000호

(출처: 국토교통부)

여기에는 맹점이 있었는데, 제시된 공급량에 아파트뿐만 아
니라 오피스텔, 도시형 생활 주택, 다가구 주택 등이 모두 포함

됐다는 것이다. 실제 서울 시내 아파트 입주 물량은 아래와 같이 연평균 3만 호 내외에 그쳤으며, 이후 2019년까지도 그 수준을 크게 벗어나지 못했다.

서울 시내 아파트 입주 물량 추이

연도	2010	2011	2012	2013	2014	2015	2016	2017	2018	2019
입주 물량(호)	36,026	36,923	20,025	23,606	37,396	21,905	26,744	27,970	36,698	43,106

(출처: 주택경제신문)

아마도 전국적 입주 물량에 대한 우려와 공포가 작용하지 않았나 생각한다. 실제로 2017~2018년에만도 전국에서 아파트 76만 가구가 입주 예정이었으며, 이는 과거 몇 년 전 공급이 가장 적었던 2012년의 17만 8,000호에 비하면 연간 두 배를 상회했다. 특히 경기도의 경우 2017년 12만 3,000호, 2018년 14만 6,000호의 아파트가 입주 예정이었는데, 당시 동탄2 신도시를 비롯해 김포, 수원, 용인, 하남 등에서 본격적으로 입주하는 상황이었다. 이는 아파트로만 국한해도 5년, 10년간의 장기 평균을 크게 상회했고, 가뜩이나 주택 경기가 오래 침체됐다가 겨우 살아나는 시기에 자칫하면 집단 부실에 빠져 공급 쇼크로 치달

경기도 아파트 입주 예정

지역	2015년 기준 재고	2016~2019년 입주	재고 대비 입주
고양시	233,271	23,436	10.0%
과천시	12,625	543	4.3%
광명시	69,984	3,950	5.6%
광주시	32,949	15,735	47.8%
구리시	35,930	9,472	26.4%
군포시	69,787	3,123	4.5%
김포시	88,581	30,076	34.0%
남양주시	153,441	23,039	15.0%
동두천시	21,000	492	2.3%
부천시	138,586	11,634	8.4%
성남시	164,893	9,786	5.9%
수원시	239,892	29,573	12.3%
시흥시	87,598	39,870	45.5%
안산시	95,074	12,917	13.6%
안성시	33,177	10,603	32.0%
안양시	123,578	8,290	6.7%
양주시	46,933	11,003	23.4%
오산시	51,412	12,777	24.9%
용인시	231,630	38,001	16.4%
의왕시	35,810	6,278	17.5%
의정부시	94,015	16,533	17.6%
이천시	33,647	3,819	11.4%
파주시	93,976	11,031	11.7%
평택시	93,283	38,527	41.3%
포천시	17,596	959	5.5%
하남시	35,226	34,549	98.1%
화성시	140,426	85,361	60.8%

(출처: 중앙일보, 단위: 가구 수)

을 수 있는 상황이었다.

공급은 심리적 변수이기도 해서 절대적 공급량이 적어도 주택 경기나 거시 경제 환경이 나쁘면 문제가 되지 않을 수 있고, 사람들이 주택 구매를 희망하는 시기라면 공급량이 많아도 수요를 따라가지 못할 수 있다. 그리고 이렇게 심리적 요인으로 인한 수급 불안정은 시간이 지나고 사람들이 냉정을 찾으면 저평가나 거품이라는 형태로 부메랑처럼 돌아온다.

2017년 당시 서울 시내 아파트 전세가율은 집값의 70%를 넘어 80%를 위협할 정도로 높게 형성돼 있었다. 달리 이야기하면 4억원 하는 아파트의 전세 가격이 3억 원 언저리에 달해 불과 1억원 남짓만 있으면 집을 살 수도 있는 시기였다는 의미다.

그럼에도 사람들이 굳이 집을 사지 않으려 한 이유는 워낙 오랫동안 주택 경기가 부진해 관성이 작용하는 가운데 그 방향성을 바꿀 계기가 없다는 데 있었다. 특히 주택 시장의 주요 축인 40대 가구의 경우, 2008년 이후 10여 년간 집값 부진을 목격했기 때문에 굳이 집을 사고 싶지 않은 마음이 컸다.

이러한 상황에서 정부로서는 서울에 집을 많이 지어 경기도권을 더 어렵게 하기보다는 서울의 수요를 조금 눌러 놓고 입주물량 먼저 해소하는 방향성을 좀 더 우선적으로 취해야 했을 수 있다. 공급은 충분하다는 말로 사람들을 어느 정도 안심시켜서라도 말이다.

새로운 수요의
탄생

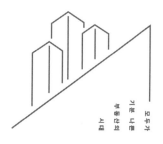

모두가
기존 나를
부동산의
시대

공급이 아무리 많아도 수요가 더 빨리 늘면 수급 문제를 해결할 수 없다. 8.2 대책은 당시 주택 수급 상황에 대해 "그간의 세제·주택 규제 완화가 저금리 및 대내외 경제 여건 개선과 맞물리면서 투기 수요가 늘어나 주택 시장 불안이 발생"했다고 평가했다. 그러면서 "기존 주택 시장 및 청약 시장 등의 과열은 실수요자의 내 집 마련을 어렵게 하고, 주거 안정성도 저해한다"라고 덧붙였다.

단기간에 공급을 늘리기 어려운 상황에서 사람들은 매번 서울 시내 분양에 모여들었고, 주택 경기가 회복되면서 내 집 마련에 대한 관심도 조금씩 커졌다. 여전히 서울 시내 아파트를 구매하려면 최소한 수억 원의 가격을 생각해야 했다. 그런데 여기에서 미처 고려하지 못한 새로운 수요 축이 있었다. 바로 30대 맞벌이 부부였다.

기존 상식에 따르면 아파트란 남편이 젊은 시절 열심히 돈을 벌고 가점을 쌓아서 40대 들어 청약에 당첨돼 입성하는 곳이었다. 이는 딱히 물려받은 유산도 없고 근로 소득으로 생계를 꾸려야 하는 대부분의 가구에 통용되는 이야기였으며, 아파트란 한 땀 한 땀 자본을 쌓아 접근해야 하는 중장기적 과제였다.

그러나 시대가 많이 달라졌다. 요즘 서울 시내에 주택 마련을 꿈꾸는 30대는 더 이상 외벌이에 의존하지 않는다. 굳이 전문직이 아니라도 대기업에 다니며 맞벌이를 하는 가구라면 세전 소득으로 연간 1억 원 이상 버는 경우도 흔하다. 어쩌면 1억 5,000만 원 수준에 근접할지도 모른다. 게다가 자녀를 갖는 시기도 과거보다 많이 늦춰졌으니 결혼을 빨리 했다면 30대 후반에 이미 상당한 자산을 축적했을 가능성이 있다.

또 이러한 맞벌이 부부는 신용도가 높고 소득이 안정적이어서 은행권에서 우량한 차주(借主, 돈이나 물건을 빌려 쓴 사람)로 분류될 가능성이 높다. 최근에는 금리가 워낙 낮아져 3% 이하의 담보 대출을 받을 수 있는데, 신용 대출로 1인당 연봉의 1배 이상을 추가로 조달할 수 있는 형편이다.

이들에게 직장까지 왕복 2시간 이상 소요되는 신도시 아파트는 우선적인 고려 대상이 아니었다. 이미 서울에서 2~3억 원 언저리 전세로 신혼 생활을 시작해 연간 3,000~4,000만 원씩 차곡차곡 올려 가며 직주 근접의 삶에 익숙해진 터였다. 게다가 집값과 전세가가 불과 20~30%밖에 차이 나지 않는다는 것을 감지했고, 곧 아이를 갖는다면 더더욱 직장에서 가까운 곳에 살아야 한다고 느끼고 있었다.

그 와중에 1금융권에서 받을 수 있는 LTV 70%의 대출은 강력해서 사실 집값이 4억 원이든, 5억 원이든, 6억 원이든 3억 원을 대출받아 내 집을 마련해도 30년 원리금 균등 상환(연리 3% 기준)을 한다면 매달 126만 원을 상환하는 수준(첫 달 기준 이자 75만 원, 원금 51만 원)이었는데, 이는 맞벌이 부부에게 그리 부담스러운 수준이 아니었다. 왜냐하면 오피스텔에 거주해도 월세 60~70만 원은 지출해야 했기 때문이다.

30대 맞벌이 부부가 투기 수요?

실수요자의 주거를 보호하겠다던 8.2 대책은 의외로 이들을 정면으로 겨눴다. 그간 최고 70%까지 가능하던 LTV를 무주택자, 1주택자, 다주택자 상관없이 40%로 한 번에 낮춘 것이다(서울 기준). 다만 "실수요자의 내 집 마련 지원을 위해 LTV를 10% 완화 적용"한다는 단서를 달았는데, 여기에는 부부 합산 연소득 6,000만 원 이하이면서 주택 가격 6억 원 이하일 때라는 조건이 달렸다. 정말로 지불 용의가 있는 수요자에게는 턱없는 이야기였다.

가계 부채 건전화가 목적이라면 연소득이 충분치 않은 가구에 대해서 대출 규제를 강화하고, 상환 여력이 넉넉한 가구에 대해서는 재량을 주는 것이 논리적으로 합당하다. 그러나 이 규제 조건에 따르면 연소득 1억 원 가구는 5억 원짜리 집을 살 때 2억 원의 대출을 받는 것이 전부이고, 연소득 5,000만 원 가구는 2억 5,000만 원을 대출받을 수 있다. 둘 간의 건전성의 차이를 비교할 때 이 기준이 얼마나 터무니없는지 판단할 수 있을 것이다.

게다가 8.2 대책에서 지적한 전세가율 상승에 따른 갭 투자 수요는 이 규제의 영향을 전혀 받지 않았다. 이미 주택 가격의 70%를 상회하는 전세 보증금을 선순위로 주택을 매수하는 사람들은 어차피 은행권에서 단 한 푼도 담보 대출을 받을 수 없기 때문에 LTV가 70%이든 40%이든 상관없었다. 그럼에도 대출 규제를 "투기 수요 차단"의 방편으로 이야기한 것은 일종의 레토릭이었다고 평가할 수밖에 없다.

갑작스럽게 발표된 규제가 곧바로 시장에 공포심을 주면서 또 하나의 문제가 발생했다. 본래 8.2 대책에서 발표한 대출 규제는 8월 중순경 이후부터 실행되는 대출에 적용될 예정이었다. 그런데 대책 발표 당일 최종구 금융위원장은 신한·우리·국민·하나·농협·기업은행 등 6개 주요 은행장과 은행·생명보험·손해보험·저축은행·여신금융협회 등 5개 금융협회장, 농협·수협·신협·산림조합·새마을금고 등 5개 상호금융협회 대표, 주택금융공사 사장 등이 참석한 금융권 간담회에서 "감독 규정 마련 전까지 대출 급증 등의 리스크 관리에 만전을 기하라"라는 메시지를 전했다. 이 언급에 놀란 시중 은행이 바로 다음 날인 8월 3일부터 LTV 40%를 적용하자 시장에 엄청난 혼란이 발생했다. 정부의 가이드라인인 LTV 60%에 맞춰 주택 매수 계약을 체결하고, 9~10월에 잔금 지불을 앞둔 실수요자들이 계약금을 날리거나 신용 대출을 알아봐야 하는 절박한 처지에 빠진 것이다.

진통 끝에 8.2 대책 발표 전에 체결한 계약에는 기존 규제를 적용하겠다는 입장이 나왔지만 이 사태가 시장에 준 충격은 작지 않았다. 정부 규제에 따라 적법하게 체결한 계약도 추가 대책에 의해 언제고 위협받을 수 있다는 트라우마가 생긴 것이다. 또 1가구 1주택을 꿈꾸는 보통 사람들에게도 수요 억제라는 명분으로 영문을 알 수 없는 규제의 칼날이 깊숙이 들어왔다는 것 자체가 직접적인 위기감을 남겼다. 부부 합산 연소득 6,000만 원이 넘으면 더 이상 서민 실수요자가 아닌 수요 억제의 대상이고, 더 이상 서울에 집을 사려고 하지 말라는 듯한 메시지는 오히려 사람들로 하여금 '그러면 어떻게 해야 서울에 집을 살 수 있을까' 라는 고민에 몰두하게 만드는 계기가 됐다.

2017년 8.2 대책 주요 내용

1. 투기 지역 및 투기 과열 지구 지정

구분	투기 지역	투기 과열 지구	조정 대상 지역(기지정)
서울	강남, 서초, 송파, 강동, 용산, 성동, 노원, 마포, 양천, 영등포, 강서(11개 구)	전 지역(25개 구)	전 지역(25개 구)
경기	-	과천	과천, 성남, 하남, 고양, 광명, 남양주, 동탄2
기타	세종	세종	부산 7개구, 세종

2. 투기 과열 지구·투기 지역 대출 규제 강화

- 지역별 LTV 축소, 투기 지역 내 주택 담보 대출 세대당 1건으로 제한
- 투기 지역, 투기 과열 지구, 조정 대상 지역 중도금 대출 보증 건수 세대당 1건으로 강화

구분	투기 과열 지구 및 투기 지역		투기 과열 지구, 투기 지역 외 조정 대상 지역		조정 대상 지역 외 수도권	
	LTV	DTI	LTV	DTI	LTV	DTI
서민 실수요자 (완화)	50%	50%	70%	60%	70%	60%

구분	투기 과열 지구 및 투기 지역		투기 과열 지구, 투기 지역 외 조정 대상 지역		조정 대상 지역 외 수도권	
	LTV	DTI	LTV	DTI	LTV	DTI
주택 담보 대출 미보유(기존)	40%	40%	60%	50%	70%	60%
주택 담보 대출 1건 이상 보유(강화)	30%	30%	50%	40%	60%	50%

* 서민 실수요자: ① 무주택 세대주, ② 부부 합산 연소득 6,000만 원 이하(생애 최초 7,000만 원 이하),
③ 주택 가격 투기 과열 지구·투기 지역 6억 원 이하, 조정 대상 지역 5억 원 이하 시 적용

3. 양도 소득세 강화

- 다주택자 중과: 2주택자 +10%p, 3주택자 이상 +20%p 적용(2018년 4월 1일부터 적용)
- 1가구 1주택 양도 소득세 비과세에 2년 거주 요건 추가(대책 발표 후 취득분부터)
- 분양권 전매 시 양도 소득세 강화
  기존 2년 이상 보유 시 6~40%, 1년 이상 보유 시 40%, 1년 이내 전매 시 50%
  변경 보유 기간과 관계없이 50% 단일세율 적용(2018년 1월부터 시행)

4. 재건축·재개발 관련

- 재건축 초과 이익 환수제 추가 유예 없이 2018년 1월부터 시행
- 투기 과열 지구 재개발 조합원 분양권 전매 제한(관리 처분 계획 인가 후 소유권 이전 등기 시까지)
- 재개발 사업 시 임대 주택 공급 의무 비율 강화
- 정비 사업 일반·조합원 분양 당첨 시 5년간 재당첨 제한

5. 다주택자 임대 주택 등록 유도

- 등록 임대 주택에는 양도 소득세 중과 배제, 장기 보유 특별 공제 적용 등 인센티브 부여
- 구체적 인센티브는 추후 '주거 복지 로드맵'을 통해 발표
- 자발적 등록 저조 시 일정 수 이상 주택을 보유한 다주택자의 임대 주택 등록 의무화 방안도 검토

6. 청약 관련

- 투기 과열 지구 및 조정 대상 지역 1순위 자격 요건을 청약 통장 가입 후 2년으로 강화
- 가점제 적용 확대

구분	85m² 이하		85m² 초과	
	현행	개선	현행	개선
수도권 공공 택지	100%	100%	50% 이하에서 지자체장이 결정	
투기 과열 지구	75%	100%	50%	50%
조정 대상 지역	40%	75%	0%	30%
기타 지역	40% 이하에서 지자체장이 결정		0%	0%

7. 기타

- 투기 과열 지구 내 주택 거래 시 자금 조달 계획 및 입주 계획 신고 의무화
- 부동산 불법 행위 단속을 위한 특별 사법 경찰 제도 도입

로또 분양의
개막

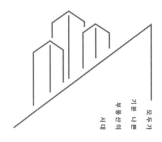

사람들 사이에서 분양은 이슈가 되고, 청약 경쟁률은 뉴스가 됐다. 사람들은 혹시나 하는 마음에서 청약 접수를 했다. 당첨되려면 가점이 높아야 하는데 그러려면 십수 년이 걸린다. 그래도 서울 시내 20평대, 30평대 아파트는 추첨분 25%가 있으니, 운 좋게 당첨되면 입주 시까지 5,000만 원은 오를 것이라는 낙관적 기대로 새집에 이사 가기도 했다.

당첨되지 않아도 혹시 취소분이 생기면 계약하겠다는 의미의 '내 집 마련 신청서'를 써서 대기표를 뽑기도 했다. 간혹 청약 당첨자 중 부적격자나 변심하는 사람도 있기 때문이다. 주말이면 모델 하우스를 돌면서 대기표 받는 것이 30대 부부들의 희망찬 재테크 투어이던 시절이 있었다.

그래 봐야 서울 시내 분양 현장에 들어오는 1순위 통장은 끽해야 1만 개 내외였으니 이 흐름에 동참하는 사람들은 극소수였다. 몇 년 만의 최대 분양 히트 상품이었다는 흑석 뉴타운의 아크로리버하임의 경우, 서울에서만 2만 2,148개의 통장이 동원된 것이 최고 기록으로 남았을 정도인데 서울 인구 1,000만 명 중 고작 2만 명이 참가했으니 사실 분양 열풍은 해당 아파트에 관심 있는 일부에 국한됐다.

게다가 8.2 대책으로 분양권 전매까지 이미 금지된 마당이었다. 1순위 통장은 한번 당첨되면 당분간은 다시 사용할 수 없고 적어도 서울 분양 시장에 대단한 '꾼'들이 있었다고 이야기하기는 어려운 여건이었다.

차라리 미분양이 넘치는 경기도 신도시의 분양 현장에는 그런 사람들이 제법 있었다. 통장 없이 미분양 물량 대기표를 받고 청약을 받아 2,000~3,000만 원의 'P(프리미엄)'를 받고 다른 사람에게 팔거나 애초에 마이너스 P를 주고 분양권을 사서 입주 즈음에 여건이 개선되면 웃돈을 받고 파는 이들 말이다. 그런데 이 또한 계획대로만 되지 않았다. 그렇게 얻는 이익의 규모 대비 부담해야 할 리스크가 크고 묶이는 돈도 많아서 한 사람이 열 몇 개씩 무더기로 샀다 팔았다 하는 경우는 극히 드물었고, 그조차

도 큰 실속을 보지 못하고 고생만 하는 일도 많았다.

청약 당첨이라는 바늘구멍

그러나 정부의 생각은 달랐다. 분양 시장에서 실수요자가 우선이어야 하는데 엉뚱한 사람들이 들어와 물량을 빼앗아 간다고 본 것이다. 그리고 8.2 대책이 예고한 대로 2017년 9월 이후 서울 시내 아파트 분양에서 $85m^2$ 이하 추첨 제도는 없어졌다. 주로 경기도권이던 조정 대상 지역에서도 기존에 60%이던 $85m^2$ 이하 추첨 물량은 25%로 대폭 줄었다.

이는 가점이 높은 장기 무주택자에게 분양 물량을 우선 배정하겠다는 의미로, 무주택 기간이 길고 부양가족이 많아야 가점이 높았다. 기본적으로 청약 통장을 오래 유지해야 했는데, 결국 당첨 가능권인 50점대 이상을 만들기 위해서는 무주택 9년(20점)+부양가족 3명(20점)+통장 가입 기간 9년(11점)을 달성해야 했다. 만약 결혼하지 않은 사람이라면 부모님을 모시고 살아야 했고, 자녀가 1명인 부부라면 무주택 기간을 2년 더 채워야 했다.

그런데 무주택 기간은 대개 만 30세부터 기산하기 때문에, 이 제도대로라면 40세 미만 청약 대기자들의 당첨 가능성은 극히 희박했다. 기존에는 얼마 안 되는 물량이나마 추첨 가능성이 있

청약 가점 산정표

가점 항목	가점 상한	가점 구분	점수	가점 구분	점수
① 무주택 기간	32	만 30세 미만 미혼인 무주택자	0	8년 이상~9년 미만	18
		1년 미만	2	9년 이상~10년 미만	20
		1년 이상~2년 미만	4	10년 이상~11년 미만	22
		2년 이상~3년 미만	6	11년 이상~12년 미만	24
		3년 이상~4년 미만	8	12년 이상~13년 미만	26
		4년 이상~5년 미만	10	13년 이상~14년 미만	28
		5년 이상~6년 미만	12	14년 이상~15년 미만	30
		6년 이상~7년 미만	14	15년 이상	32
		7년 이상~8년 미만	16	-	-
② 부양가족 수	35	0명	5	4명	25
		1명	10	5명	30
		2명	15	6명 이상	35
		3명	20	-	-
③ 입주자 저축 가입 기간	17	6개월 미만	1	8년 이상~9년 미만	10
		6개월 이상~1년 미만	2	9년 이상~10년 미만	11
		1년 이상~2년 미만	3	10년 이상~11년 미만	12
		2년 이상~3년 미만	4	11년 이상~12년 미만	13
		3년 이상~4년 미만	5	12년 이상~13년 미만	14
		4년 이상~5년 미만	6	13년 이상~14년 미만	15
		5년 이상~6년 미만	7	14년 이상~15년 미만	16
		6년 이상~7년 미만	8	15년 이상	17
		7년 이상~8년 미만	9	-	-
계	84	본인 청약 가점 점수=①+②+③			

었기 때문에 당첨이 되든 안 되든 계속 시도하면서 기다려 볼 수 있었으나, 이제는 점수로 엄격하게 잘리다 보니 아예 기대조차 할 수 없는 상황이 돼 버린 것이다.

100% 가점제가 도입된 후 서울에서 처음 분양한 래미안DMC 루센티아는 385가구 모집에 5,802명이 몰려 평균 15.1:1의 경쟁률을 기록했는데, 전용 면적 84㎡ 기준 분양가는 5억 3,300만 원~6억 4,900만 원으로 평균적으로 6억 원 초중반대의 가격을 형성했다. 가장 많은 입주자를 모집한 84A형과 84C형의 가점 커트라인은 54점이었으며, 평균 가점은 59.9점에 달했다. 전용 면적 59㎡의 경우에도 최저 55점, 평균 60점으로 유사한 수준을 형성했다. 안전하게 당첨되려면 60점은 돼야 한다는 뜻인데, 아이 둘 있는 부부가 60점을 만들기 위해서는 무주택 12년(26점)+부양가족 3명(20점)+청약 통장 12년(14점)이 필요했고, 이 정도라면 42세는 돼야 청약 당첨을 기대해 볼 수 있었다.

그런데 무주택 9년 차에 부양가족 3명으로 가점 51점인 사람이 있었다고 가정해 보자. 1년 더 기다리면 자연히 무주택 기간과 청약 통장 가입 기간이 늘어나 3점이 올라가니 다음 해에는 54점으로 아슬아슬하게나마 당첨될 수 있었을까? 천만의 말씀이다. 내 앞에 줄 서 있는 이들도 다 같이 3점씩 올라가기 때문에 그 사람들이 먼저 다 빠지지 않는 한 당첨 가능성은 다음 해에도 동일할 터였다.

결국 인기가 시들해 가점 커트라인이 낮을 것 같은 단지에 하향 지원하거나 분양 평면별로 청약 경쟁률이 낮을 것 같은 타입을 노려야 당첨 가능성이 생겼는데, 무주택 9년인 사람과 12년인 사람의 사회적 공로가 얼마나 크게 차이 나기에 기회에 차등을 두어야 하는지는 이해하기 어려운 일이었다.

차라리 신혼부부라면 그나마 희망이 있었는데 특별 공급이라는 별도의 전형이 있었기 때문이다. 당시에는 입주자 모집 공고 기준으로 혼인 기간이 5년 이하인 무주택 부부이면서 도시 근로자 월평균 소득 100% 이하, 맞벌이라면 120% 이하인 경우에 한해 신혼 특공 자격이 주어졌다. 3인 가구 기준으로 월평균 소득 100%는 488만 원, 120%는 586만 원이었으며, 4인 가구 기준으로 100%는 560만 원, 120%는 675만 원이었으니 결국 부부 합산 연소득 7,000만 원을 경계로 자격이 주어졌다고 보면 될 것이다.

그나마도 혼인 3년 이내이면서 자녀가 있는 '신新신혼부부'에게 1순위 자격이 있어 '구舊신혼부부'는 밀리는 처지였고, 물량은 민영 분양의 경우 10%에 불과했으니 이 역시 바늘구멍임은 마찬가지였다.

묻지 마 청약의 시대

이처럼 청약 제도는 선택된 소수를 밀어주는 형태가 됐고 분양 당첨의 값어치는 더욱 커졌다. 바로 분양가 통제 때문이었다.

아파트 분양을 위해서는 주택도시보증공사HUG에서 분양 보증을 받아야 하는데, 이때 제출하는 분양가 계획이 사실상 심사제의 성격을 띠어 정부가 간접적으로 통제할 수 있는 구조였다. 그렇기 때문에 일정 범위를 넘는 고분양가 단지는 분양 자체를 진행하지 못하도록 할 수 있었다. 정부는 이 구조를 이용해 사실상 분양가 통제에 나섰다.

일반적이라면 주변 시세에 준해 신축 아파트 분양가가 책정되는 것이 당연한 시장의 원리였다. 또 청약 대기자들이 가격 수준을 판단해 '입주 때까지 5,000만 원 안 오를 것 같은 아파트'는 청약하지 않음으로써 가격이 자연스럽게 거듭 조정돼야 하는데, 주변 아파트 시세 대비 낮은 가격에 분양 물량이 나오자 사람들은 더욱 청약을 향해 몰려들었다. 싸게 나온 아파트 물량이 주변 시세를 끌어내리면 다행이지만 그런 일은 없었고, 분양권 전매가 금지돼 입주 때까지 매물화될 가능성이 없으니 시세와 분양가의 차이는 고스란히 당첨자 몫이 됐다. 그리고 새로 지은 아파트 가격은 분양가 수준에 머물러 있기보다 거꾸로 주변 시세와 키를 맞추어 올라버리는 일이 거듭됐다.

서울 시내에는 재개발·재건축 외에 다른 방법으로 분양 물량을 공급할 수 없는 상황에서 일반 분양가가 시세 대비 낮게 형성돼 생기는 부담은 모두 조합원들의 몫이 됐다. 그렇게 되면 조합원 개개인의 추가 분담금이 늘어나고 결과적으로 사업성이 떨어질 수밖에 없었다. 안 그래도 이해 갈등 문제로 추진하기 어렵던 재개발·재건축 사업은 더더욱 진행되기 어려워졌고, 공급은 더 위축될 수밖에 없었다.

게다가 중도금도 LTV 규제 대상이 되면서 문제가 더 복잡해졌다. 대부분의 경우 본인이 거주하는 집에 대부분의 자산이 깔려 있기 때문에 신축 아파트를 분양받으면 입주 전까지는 여윳돈이 넉넉지 않다. 그렇기 때문에 분양을 받으면 처음에 계약금으로 10%를 내고, 이후에는 대출을 받아서 6회 분할로 중도금 60%를 내다가 입주 시점에 거주하는 집을 팔거나 전세 보증금을 돌려받고 새집을 담보로 대출받아 잔금을 대체하곤 했다.

그러나 서울의 경우 중도금 대출마저 40%로 줄어들면서 아파트를 분양받을 때 더 많은 현금을 가지고 있어야 했다. 분양가가 9억 원 이상이면 아예 주택도시보증공사에서 중도금 대출도 받을 수 없었다. 이는 서민 실수요자를 위한 방향이 전혀 아니었다. 신축 아파트에 청약 당첨되기도 어렵지만 당첨돼도 현금 흐름이 맞지 않아 포기해야 하는 상황이 생기게 된 것이다.

하지만 늘 그랬듯이 누군가는 방법을 찾는다. 건설사가 자체

보증을 통해 LTV 40% 수준의 중도금 대출을 주선하겠다고 나섰다. 그리고 나머지 20%에 대해서는 연체를 묵인하고 연체 이자를 받는 식으로 돌파구를 마련했다. 은행권에서 중도금 대출을 받으면 훨씬 싼 금리로 진행했을 텐데, 해괴한 형태의 사금융 돌려 막기를 해야 하는 상황이 된 것이다.

미계약 물량 현장에 모인
현금 600억 원

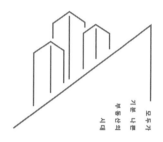

모두가 기뻐 나를 부동산의 사막

더 이상 입주 시까지 5,000만 원 오를 것 같은 아파트를 고르는 안목은 필요하지 않았다. 당첨만 되면 1억 원은 물론 4~5억 원씩 시세 차익이 보장되는 분양이 나오기 시작했기 때문이다.

8.2 대책이 예고한 중소형(85㎡ 이하) 100% 가점제가 적용되기 직전인 2017년 8월에 분양한 신반포센트럴자이가 그 신호탄이었다. 이 단지의 일반 분양 물량은 142가구였는데(총 757가구 중 조합원분을 제외한 물량), 그중 특별 공급(44가구)을 제외하면 실제 일반 가구 물량이 98가구에 불과했다. 그런데 100% 가점제는 9월부터 적용됐기 때문에 아직 중소형 추첨제 25%, 중대

형 추첨제 50% 물량이 존재했다.

이 단지의 분양가는 전용 면적 84㎡ 기준 14억 2,000만 원
~15억 5,000만 원, 전용 면적 59㎡ 기준 10억 1,000만 원~11억
2,000만 원으로, 평당 평균 4,250만 원 수준이었다. 그런데 인근
의 신축 아파트 단지인 래미안퍼스티지 84㎡ 가격은 19억 원 수
준이고, 인근의 반포자이나 반포힐스테이트도 크게 다르지 않은
형편이었다. 그래서 당첨만 되면 3~4억 원의 시세 차익이 보장
되리라는 기대가 있었다.

계약금은 5,000만 원이었지만 분양가가 9억 원을 넘어 중도
금 대출은 제한됐다. 대신 건설사가 금융 기관과 연계해 40% 수
준의 대출을 자체적으로 알아볼 것이라는 단서가 달렸다. 대출
가능 여부는 불확실했고, 당첨돼도 수억 원의 현금 유동성이 있
어야 했는데, 당시 이 단지 분양은 보통의 월급쟁이들에게도 엄
청난 화제가 돼 너도 나도 일단 넣고 보자는 붐이 일어났다.

청약 결과는 대단했다. 98가구 모집에 무려 1만 6,473명의 청
약자가 몰려 청약 경쟁률이 평균 168:1에 달했다. 44가구를 모
집하는 특별 공급에도 449명이 신청해 일찌감치 100% 소진된
터였다.

로또는 이어졌다. 2017년 9월 185가구의 일반 분양이 나온
래미안강남포레스트 청약에는 7,544명이 접수해 평균 40:1의 경
쟁률을 보였다. 강화된 청약 가점제가 적용된 단지였지만 마찬

가지로 당첨만 되면 인근 시세를 보아 2억 원 수준의 시세 차익을 기대할 수 있는 단지로 꼽혔기 때문이다.

그런데 막상 뚜껑을 열어 보니 일반 분양 185세대 중 36세대의 미계약분이 발생했다는 사실이 알려졌다. 이는 전체 물량의 20% 수준으로 적지 않은 규모였다. 시장에서는 이를 두고 '아무리 강남권 로또 분양이라도 이제 한풀 꺾이는 것 아닌가' 하는 관측도 있었다.

조용히 안내문이 하나 올라왔다. 미계약 물량을 계약하고 싶으면 10월 14일 송파구 문정동에 위치한 래미안갤러리로 모이라는 것이었다. 준비물은 단출했다. 계약금 5,000만 원짜리 수표였다.

분양가 17억 원이 넘는 고가 아파트의 일반 분양 물량 20%가 계약되지 않았기 때문에 과연 얼마나 호응이 있을지 냉소적으로 보는 시선도 있었다. 하지만 현실은 달랐다. 래미안갤러리에는 엄청난 인파가 몰렸고, 실제로 분양 신청을 한 사람만 1,200여 명에 달했다. 당일에 5,000만 원의 계약금이 필요했음을 감안하면 현장에 600억 원의 현금이 모였다는 뜻이다.

2018년 3월 분양한 디에이치자이개포는 한술 더 떴는데, 이 단지의 분양가는 84㎡ 기준 14.3억 원 수준이었다. 분양가 9억 원을 넘어 주택도시보증공사에서 중도금을 대출받기도 불가능했는데, 이 단지의 경우 건설사 차원에서 자체 중도금 대출도 되지 않아 전액 현금으로 분양가를 조달해야 하는 상황이었다.

그러나 이 단지의 분양가는 당시 주변 시세에 비해 5억 원 이상 낮은 것으로 알려졌다. 또 1,690가구 대규모 분양으로 지역에서의 상징성도 있었다. 모델 하우스에는 주말에도 하루 종일 사람들이 구름같이 밀려들었고, 상담을 위해 4~5시간씩 대기해야 하는 진풍경도 벌어졌다.

결국 이 단지는 일반 분양 1,245가구 모집에 무려 3만 1,423명이 청약해 평균 25.2:1의 경쟁률을 기록했다. 특히 당첨 가점은 평균 60점대 후반이었으며 공급 물량이 가장 많았던 전용 면적 84㎡(303가구)의 경우 최저 69점, 최고 79점이었다. 그야말로 신기록 행진이었다.

비강남권이라고 해서 상황이 크게 다르지 않았다. 2018년 3월 분양한 당산센트럴아이파크는 총 802세대 중 (특별 공급을 제외하고) 108가구가 일반 분양으로 나왔는데, 분양가는 전용 면적 84㎡ 기준 7억 9,000만 원 내외, 59㎡는 6억 5,000만 원 수준이었다. 인근에 새 아파트 공급이 한동안 없었기 때문에 주변 시세와 비교하기 쉽지 않지만, 마포래미안푸르지오 동일 평형이 이미 12억 원 선을 넘어서던 사실을 감안하면 가격적 메리트는 충분했다. 게다가 지하철 5, 9호선 당산역을 걸어서 이용할 수 있는 초역세권 단지로 여의도, 강남, 광화문 모두 빠르게 닿을 수 있는 위치였기 때문에 직주 근접이라는 트렌드와도 맞아떨어졌다.

호응이 엄청났다. 주말 사이 모델 하우스를 다녀간 사람만 2만 5,000명이 넘었다. 40% 중도금 대출을 받으면 3~4억 원의 자기 자본으로 충분히 입주 가능한 곳이었기 때문에 대중적 접근이 가능한 가격대였다는 점이 크게 작용했다.

하지만 일반 분양 물량이 워낙 적었던 탓에 이 분양도 8,629명의 1순위 청약자가 몰리면서 80:1의 경쟁률을 기록했다. 평균 당첨 가점은 61.8점이었으며, 결국 여간한 점수로는 당첨을 기대하기 어려운 상황이 거듭됐다.

부동산 시장에 달려 나온 청약 포기자들

12년 차 이상의 고참 무주택자에게 청약 로또를 우선적으로 몰아 줘야 한다는 것에 어떠한 사회적 합의도 없었다. 왜 9년 차는 안 되고 12년 차는 되는지 합리적인 설명을 들은 적도 없었다.

사람들은 서서히 내가 당첨될 가능성이 없다는 것을 깨닫게 됐다. 특히 부양가족 수가 적은 1~2인 가구와 무주택 기간이 짧은 30대 실수요층을 중심으로 불만이 터져 나오기 시작했다. 정치권에서는 여론을 살피지 않을 수 없어 신혼부부 특별 공급부터 대상을 확대했다. 가령 기존에 5년 이내이던 신혼 요건을 7년으로 늘리고, 월 소득 기준도 맞벌이일 경우 최대 160%까지 올렸다. 이제는 아예 1인 가구나 생애 최초 청약자를 위한 물량을 늘려서 배정하자는 목소리까지 우후죽순으로 나왔다.

그러나 그렇게 되면 다시 가점제 물량이 줄어들기 때문에 누군가는 다시 불만을 가질 수밖에 없었다. 여기에 황금률이 있을까? 결국 청약은 당첨에 대한 기대로 유지된다. 인위적 배정을 통해 우선순위를 매기는 방식은 누구도 만족시키기 어렵다. 오히려 물량 차이를 두고 다툼만 생길 뿐이다.

이 모든 것은 결국 이해득실과 연관되는데 기형적인 분양가 통제로 청약 당첨 시 수억 원 단위로 경제적 이익이 보장되는 현 구조에서는 소수의 선택받은 사람들이 이익을 독점하는 일이 반복될 수밖에 없다.

그리고 여기에서 탈락하고 배제된 수많은 사람들, 다시 말해 가점 50점 이하의 선택받지 못한 사람들이 청약에 대한 꿈을 완전히 접고 지금 잡을 수 있는 집을 사러 부동산 시장으로 달려 나오기 시작했다.

이른바 '청무피사(청약은 무슨 프리미엄 주고 사)' 시대의 개막이었다.

집값 때문에 서울을 떠나는
사람들을 위하여

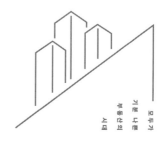

실수요자 가운데서도 분양을 받아도 되는 사람과 안 되는 사람,
집을 사도 되는 사람과 안 되는 사람을 선별했으니 다주택자에
대한 손보기는 당연한 것이었다. 아무리 집이 많아도 소수의 사
람이 이를 독점한다면 주거 안정이라는 목표는 절대 달성할 수
없고, 실수요자를 보호할 수도 없을 것이기 때문이다.

그런데 우리나라는 소수의 사람들이 주택을 독점하고 있는
국가인가? 현재의 주거 문제가 정말 이들의 투기 행위 때문에
일어나고 있는가?

통계청의 주택 소유 통계에 따르면 2016년 말 기준으로 우리

나라의 주택 소유자는 1,331만 명이었다. 이 중 주택을 한 채 소유한 사람은 1,133만 명(85.1%), 두 채 소유한 사람은 156만 명(11.7%)이었다. 그렇다면 세 채 이상 소유한 사람은 얼마나 될까? 41만 6,000명, 전체 주택 소유자의 3.1%에 불과했다.

어떤 관점에서도 1주택자를 투기 수요자라고 이야기하기는 어렵다. 실거주 여부를 기준으로 이야기할 수도 있으나 어떻든 결국 자기 몫의 한 채를 소유할 뿐이다. 2주택자라고 해도 이들이 투기 세력이라고 이야기하기 마땅치 않다. 이사 등으로 인한 일시적 2주택자도 있겠으나 시골집을 상속받았을 수도 있고, 부모 봉양 목적으로 한 채 더 샀을 수도 있으며, 주말 부부라서 떨어진 지역에 집을 두 채 가지고 있는 등 불가피한 사정이 많을 것이기 때문이다.

그렇다면 3주택 이상 보유자부터 실질적 다주택자라고 해야 할 텐데, 이들의 비중은 전체의 3% 남짓이라 예상만큼 엄청난 수준이라고 하기는 어렵다.

주택 수의 측면에서 봐도 총 주택 1,452만 호 중 1주택자가 가진 주택은 1,022만 호(70.4%), 2주택자가 가진 주택은 268만 호(18.5%)였으며, 3주택 이상 보유자가 가진 주택은 162만 호로 전체의 11.1%였다. 이 수치를 어떻게 해석할지에 대해서는 판단이 다를 수 있으나 적어도 1, 2주택 보유자가 전체 시장의 90% 가까이 차지하고 있다는 사실은 짚고 넘어가고 싶다.

그러나 정부는 주택 수에 상당히 집착했다. 부동산을 둘러싼 세제 개편은 다주택자에 대한 중과를 중심으로 짜였다. 주택 시장에서 가수요를 억제해야 한다는 명분 때문이었다.

문제는 기준이었다. 서울과 수도권 아파트를 여러 채 가진 경우라면 납득되지만, 단순히 주택으로 분류되는 형태의 집을 두 채 이상 가지는 순간 복잡한 규제와 중과의 대상이 됐다. 이러한 기준은 지나치게 단순하고 이상적이어서 보통 사람들조차 지키기 어려웠으며, 청와대 고위 공직자와 현직의 장차관, 국회의원, 인사 청문 후보자도 이를 충족하지 못해 낙마하거나 사과하고 억지로 정리하는 경우가 속출했다. 더불어 소유한 주택 수와 취득 시점, 보유 형태와 매도 기준일 등은 복잡한 변수가 돼 세금을 계산하기가 나날이 어려워졌으며, 심지어 세무사 중에서도 '양포세', 즉 양도 소득세를 포기한 세무사가 나온다는 자조까지 등장했다. 거기에 더해 상가 주택의 경우, 소유 주택 수에서 제외하기 위해 인위적으로 멸실하고 용도를 변경하는 일까지 생겼다. 그러지 않으면 얼마 되지도 않는 월 몇십만 원의 월세 때문에 양도 소득세나 종합 부동산세 등에서 막대한 부담이 생겼기 때문이다.

"국가와 함께 동업합시다"

정부의 섬세하지 못한 접근과 별개로 가급적이면 실수요자에게 내 집 마련의 기회가 우선적으로 가도록 하는 것이 옳다. 자기 책임 범위 내에서 가정 경제를 꾸리고 삶의 터전을 구축하며 더 많은 사람이 차차 사회의 중산층으로 성장해 탄탄한 허리가 되게 하는 것이 국가가 장려해야 할 일이라는 데는 이견이 없을 것이다.

가장 먼저 청약 제도에서는 다주택자의 진입 가능성이 차단됐다. 앞서 본 것처럼 서울의 경우 중소형 평수는 추첨제 물량이 완전히 사라졌는데, 다주택자가 청약 가점을 쌓을 수 있을 리 만무하기 때문이다. 이제 분양받는 아파트들은 분양권 전매도 할 수 없다. 서울의 새집은 이제 높은 가점을 모은 무주택자만 향유할 수 있는 전용 상품이 됐다.

그러나 과연 정부가 실수요자들의 내 집 마련에 방점을 찍었던 것일까? 김수현 수석은 이미 그의 저서에서 자가 보유율은 50~60%선이면 충분하고 더 이상 높일 일은 아니라고 했다. 공공 임대 주택이 흡수할 수 있는 비중도 한계가 있으니, 결국 20~30%의 주택은 민간 임대를 통해 공급돼야 한다는 것이 그의 지론이었다. 그리고 이미 서울 시내 거주 가구의 절반은 임차로 거주하는 실정이었으니, 정부로서는 주거 안정을 위해 민간 임대 주택을 잘 관리하는 것이 국민들의 내 집 마련 못지않게 중요한 정책 목표일 수밖에 없었다.

기존의 주택 임대차 시장에는 두 가지 문제가 있었는데, 하나는 국가가 임대 시장의 현황을 정확히 파악할 수 없다는 것이었고, 다른 하나는 이 때문에 임대 소득에 충실하게 과세하기 어렵다는 것이었다.

부동산 매매 거래의 경우 등기필증을 교부받기 위해서라도 관계 당국에 실거래 신고를 하게 돼 있지만, 전월세는 조금 다르다. 전월세 거래는 사적 거래의 성격이 강하다. 그리고 거래 조건은 합의 사항으로 여겨져 당사자 간에 계약서를 작성하고 계약을 연장하는 경우도 흔하고, 확정일자라는 제도가 있으나 계약 조건까지 세세하게 신고하는 것은 아니어서 정부의 관리 범위 밖에 있었다.

그런데 2008년 글로벌 금융 위기로 서울 아파트 전세가율이 최저점인 40% 수준을 찍은 2009년 이후 아파트 가격은 횡보 내지 더딘 상승 추세를 보였지만 전세 가격은 계속 올라 2017년 7월 전세가율이 74.2%를 기록하기에 이르렀다. 전세가가 거듭 상승해 서울 시내에서 전세로 신혼 생활을 시작한 부부들이 외곽지로 밀려가다가 결국 서울을 떠나게 됐다는 이야기는 주변에서 흔하게 들렸다. 또 전세 재계약 때는 도대체 몇천만 원을 올려줘야 할지 고민하는 일도 일반적이었다.

어차피 전체 주택 시장의 30% 가까이를 민간 임대 시장으로 유지할 것이라면 정부로서는 어떻게 하면 세입자들이 장기간 큰 폭의 가격 상승 없이 안정적으로 살 수 있을지에 정책 초점을 맞출 수밖에 없는 상황이었다.

8.2 대책에서 다주택자에게 임대 등록을 유도하겠다는 언급이 나왔다. "세제, 기금, 사회 보험 등 인센티브를 강화하여 임대 주택 등록을 유도하되, 필요 시 등록 의무화 여부까지 검토"하겠다는 내용이었다. 그리고 상세한 내용은 몇 달 뒤 '주거 복지 로드맵'에서 다시 발표할 테니 그때까지 고민 좀 해 보라는 이야기였다.

임대 사업자는 이명박 정부 때 처음 도입됐고, 박근혜 정부를 거쳐 계속 존재하던 제도였다. 임대 주택 등록을 하면 의무 임대 기간을 약정하는 대신 취득세, 재산세와 종합 부동산세, 양도 소득세 등의 감면 혜택을 주었다.

그러나 시장의 반응이 그리 뜨겁지 않아서 소수의 다주택자만이 임대 주택 등록을 했다. 2016년 말 기준 개인 등록 임대 사업자는 19만 9,000명으로, 이들이 등록한 임대 주택은 약 79만 호 수준이었다.

비록 세제상 여러 혜택이 있으나 4년 내지 8년을 약정해 임대 주택으로 등록하는 것은 다주택자 입장에서 부담스러운 일이었다. 일단 당시는 집값이 크게 오르지 않고 횡보하던 시기로, 개인들이 부동산을 그다지 돈 되는 수단으로 인식하지 않았다. 약정한 의무 임대 기간을 채우지 않고 중간에 집을 팔면 기존에 감면받은 세금을 모두 토해 내야 할 뿐 아니라 과태료까지 부과되기 때문에 환금성이 제약되는 것도 내키지 않는 일이었다. 또 등록 임대 주택은 의무 임대 기간 동안 임대료를 연 5% 이내로만 올릴 수 있어 월세가 목적인 경우 혜택보다 제약이 더 크다고 보았다.

게다가 이렇게 등록한 집의 임대 소득이 국세청에 노출되기 때문에 소득세뿐 아니라 건강 보험, 국민 연금과 같은 준조세 부담이 늘어날 것을 우려했다.

오피스텔의 경우 어차피 장기간 임대를 목적으로 하는 것이고, 취득 시 임대 주택으로 등록하면 취득세를 감면해 주는 혜택이 있었기 때문에 임대 등록을 하는 경우가 제법 있었다. 그나마 빌라나 다세대 주택까지는 일부 고려하는 사람들이 있었지만, 아파트를 임대 주택으로 등록하려고 생각하는 사람은 정말 소수에 불과했다.

다주택자들에 대한 압박

2017년 12월 13일 '집주인과 세입자가 상생하는 임대 주택 등록 활성화 방안'이 발표됐다.

대한민국 총 1,937만 가구 중 580만 가구가 민간 임대 전월세로 거주하는데, 이 중 등록 임대 주택은 79만 호에 불과해 516만호의 사적 임대 주택에 거주하는 세입자들은 잦은 이사와 과도한 임대료 상승으로 인한 불안에 노출돼 있다는 내용이었다. 대선 공약대로 향후 5년간 85만 호의 공적 임대 주택을 추가로 공급하겠으나 재정 여력을 고려하면 추가 확대에는 제약이 있어 등록 민간 주택을 늘리겠다는 취지였다.

제도는 8년의 의무 임대 기간이 약정되는 장기 임대 사업자를 중심으로 혜택을 부여했다. 공시 가격 6억 원 이하 주택은 종합 부동산세 대상에서 제외시켜 주고, 양도 소득세에 대해서도 50~70%의 장기 보유 특별 공제를 부여했다. 2호 이상 임대하는 경우에는 면적에 따라 재산세도 감면해 줬다. 아파트를 기준으로 전용 면적 59m^2의 경우 75%, 84m^2는 50%의 감면 혜택이 주어졌다. 2,000만 원 이하 주택 임대 소득에는 2019년부터 분리과세를 시행하되 등록 사업자의 경우 70%의 필요 경비율을 인정하겠다고 했다.

8년이 아닌 5년간 의무 임대를 해야 하는 단기 임대 사업자는 2018년 3월 말 안에 등록하는 경우에 한해 양도 소득세 중과와 종합 부동산세 합산 배제까지 한시적으로 부여했다.

주택 보유 수에 따르는 양도 소득세율

과세 표준	1주택자	2주택자	3주택 이상	누진 공제
1,200만 원 이하	6%	16%	26%	-
4,600만 원 이하	15%	25%	35%	108만 원
8,800만 원 이하	24%	34%	44%	522만 원
1억 5,000만 원 이하	35%	45%	55%	1,490만 원
3억 원 이하	38%	48%	58%	1,940만 원
5억 원 이하	40%	50%	60%	2,540만 원
10억 원 이하	42%	52%	62%	3,540만 원
10억 원 초과	45%	55%	65%	6,540만 원

(지방 소득세 별도, 세액의 10%)

대신 등록하지 않는 경우 벌칙이 강했다. 이미 8.2 대책에서 다주택자에 대한 양도 소득세 강화가 발표돼 2주택자는 +10%p, 3주택 이상 보유자는 +20%p의 중과가 예고돼 있었다. 예를 들어 1억 원의 양도 차익이 생긴 경우 3주택자는 55%의 세율로 누진 공제를 하면 4,010만 원의 양도 소득세가 부과된다. 그런데 8년 의무 임대로 등록하고 10년간 실제 임대를 하면 똑같이 1억 원의 양도 차익이 생겨도 70%의 장기 보유 특별 공제를 적용해 과세 표준이 3,000만 원으로 줄고, 세율도 15%로 내려가니 실제 납부할 세금이 10분의 1 수준으로 줄어든다는 것이었다.

여기에서 임대 사업자 정책이 2017년 당시에는 시혜적이거나 우호적인 분위기에서 나온 게 아니라는 점을 짚고 넘어가고 싶다. 오히려 당시 분위기는 '누구 허락받고 장사하래'에 가까웠다. 양도 소득세 중과의 적용 시점은 2018년 4월 1일이었는데, 김수현 수석은 언론과의 기자 회견에서 "집 팔 기회를 드리겠다"라고 말했다. 이는 다주택자라면 4월 안에 집을 팔거나 임대 사업자로 등록하라는 종용이었다. 미리 집을 팔면 시장에 매물이 증가하는 효과가 나타날 테고 임대 주택으로 등록하면 8년 이상의 전월세 물량으로 묶어 둘 수 있으리라는 계산이었다. 의무 임대 기간을 다 채우지 않고 중간에 매도하거나 5% 인상률을 어길 경우에는 수천만 원 단위의 과태료를 부과한다는 강력한 벌칙도 예고됐다.

이러한 상황에서 만약 팔지도 등록하지도 않고 버틴다면 그때부터는 종합 부동산세를 통해 압박할 참이었다.

다주택자들은 반신반의했다. 세금 제도가 바뀌지 않고 수년간 지속된 사례를 찾기 어렵고, 정권의 변화에 따라 계속해서 수정되므로 지금의 제도가 언제까지 유지될지 확신할 수 없었기 때문이다. 게다가 8년 이상 장기 의무 임대를 약정하는 것은 미래의 불확실성을 감안하면 상당한 부담이었다. 전월세 금액을 마음대로 올리지 못하는 것까지야 세제 혜택으로 상쇄한다고 해도 중간에 팔지도, 세입자를 내보내지도, 내가 들어가 살지도 못하는 상황을 수억 원의 아파트, 특히 서울 아파트를 두고 상정한다는 것 자체가 무거운 일이었다. 그러나 따르지 않을 경우 부담이 컸고 종합 부동산세 합산과 양도 소득세 중과는 엄연한 현실이었기 때문에 일부 발 빠른 사람들은 일단 5년 단기 사업자로 등록하고 경우에 따라서는 5년 종료 시점에 팔거나 그때 8년 장기 사업자로 전환해 세제 혜택을 전부 받자는 쪽으로 선회했다.

예상치 못한 변수

그런데 생각하지 못한 변수가 하나 있었는데 그것은 주택 시장으로의 신규 투자 수요였다. 김수현 수석이 이 제도를 고민하고 장려했을 때는 아마도 기존 다주택자의 보유 주택을 중심으로 고려했을 것이다. 그런데 서울 시내 아파트의 전세가율이 74%를 넘어 고공 행진하는 상황에서 자기 자본 1억 원 남짓이면 5억 원짜리 아파트에 갭 투자를 할 수 있는 가능성이 시장에 널려 있었다. 더군다나 정부가 부동산 문제에 관한 한 집값 안정을 자신하며 강력한 규제책을 꺼내 들자 1주택자와 무주택자 중에서는 '앞으로 집값은 하향 안정화될 것이다'라고 믿는 사람도 생겨났다.

이 틈새에서 다주택자가 기존 아파트를 새로 매수해 임대 주택으로 등록하는 순간, 이에 대해서는 재산세도, 종합 부동산세도, 양도 소득세도 부과할 수 없는 진정한 Tax Haven(조세 피난처)이 펼쳐지고 마는 것이었다. 이러한 매수가 늘어나면 실수요자가 매수할 수 있었을 주택이 다주택자에게 돌아가고, 그 결과 수급에 부정적인 영향이 미칠 것은 당연한 이치였다. 그러나 이것은 국토교통부 장관과 청와대 사회수석, 정부 여당 의원이 직접 권한 일이었으며, 엄격히 말해 이는 국가와의 동업이었다.

임대 사업자로 등록하게 되면 저희가 세제라든가 금융이라든가 이런 혜택을 드립니다. 다주택자이신 분들은 임대 사업자로 등록하시면 좋겠습니다.

— 2017년 8월, 김현미 국토교통부 장관

다주택자들이 정말 돈이 많아서 다주택 하는 분들도 있는가 하면 이른바 갭 투자 하는 분들은 현재 전세금이 주택 가격의 85%까지 차지하니 조금만 더 돈을 올려 계속 집을 사는 방식으로 진행하고 있다. 정말 내 돈으로 몇억 원을 들여서 집 여러 채 갖는다 하면 정확히 다주택자다. 다주택자가 없으면 주택 시장은 안정되지 않는다. 왜냐하면 임대용 주택을 누군가 내놔야 하니까 그렇다. 그래서 저희가 강조하는 것은 다주택을 하려면 사회적 책무를 함께 해 달라는 것이다. 즉, 임대 사업자를 등록할 경우 다주택 양도 소득세 중과가 배제된다. 어제 김현미 장관이 이미 발표했고 따라서 이번 조치가 과연 다주택자들이 안 팔고 동결하는 방식으로 갈지 아니면 임대 사업자 등록이라는 우리 사회가 기대하고 또 가야하는 방향으로 갈지는 좀 더 기다려 봐야겠지만 저는 후자를예상하거나 기대하고 있다.

— 2017년 8월 3일, 김수현 청와대 사회수석

"내년 4월까지 다주택자는 집을 파시거나 임대 사업자로 등록을 하십시오." 이렇게 했잖아요. 그렇게 되면 여윳돈 가지고 집을 사실 수 있습니다. 그분은 임대 사업자로 등록을 해야 되는 거거든요. 저희들은 그거는 관계없다고 봅니다. 임대료를 마음대로 올릴 수 없고, 이분들이 집을 사셔서 여유가있는 분들이 임대 사업하는 건, 저는 얼마든지 권장할 수 있는 일이라고 생각합니다.

— 2017년 10월 25일 CBS 라디오 인터뷰, 더불어민주당 박광온 의원

임대 주택 등록을 통해 축적 자본이 부족한 개인이 무리하게 빚지고 집을 사는 것보다 재력가가 집을 사서 전월세를 5% 이내로만 인상하며 민간 임대 공급 역할을 하게 하려는 목적이었다면 어쩔 수 없다. 하지만 문제는 그 수가 너무 많았다는 것이다. 2016년 말 19만 9,000명(79만 호)이던 등록 임대 사업자는 2017년 말 25만 9,000명(98만 호), 2019년 말 48만 1,000명(150만

8,000호), 2020년에는 53만 명(160만 호)으로 급증했다. 불과 4년 만에 등록 임대 주택이 세 배로 늘어난 것이다. 160만 호 중 비아파트의 비중은 74.4%로 알려졌는데, 그렇다면 약 41만 호의 아파트가 등록돼 잠겨 있다는 것이고, 그중 서울에서만 십수만 호가 등록됐다고 추정해야 할 것이다.

분명히 장관님께서는 "사는 집 아니면 좀 파시라"라고 했는데, 실상은 그 정반대로 가고 만 것이었다.

2

집 살 수 있는
마지막 기회

강남 아파트의
천장이 뚫리다

모두가
기로 나를
부동산의
시대

2018년 초, 8.2 대책과 '임대 주택 등록 활성화 방안'이 예고한 운명의 4월을 앞두고 시장은 뜨겁게 타오르고 있었다. 양도 소득세 중과를 피해 다주택자가 집을 팔 수 있는 시한이 정해졌기 때문에 그 전에 나오는 매물을 잡아야 한다는 매수 대기자들의 생각과, 임대 등록을 할지, 팔지, 그냥 버틸지 고민하는 다주택자들의 생각이 엇갈리고 있었다. 한편 공인 중개사들도 속이 답답하기는 마찬가지였는데, 얼마 있지도 않은 매물을 놓고 매도자가 호가를 올렸다 보류하는 일이 많아서 바쁘기만 하고 거래는 안 되는 실속 없는 장사를 한 지가 이미 몇 달이었다.

8.2 대책이 시장에 강력한 메시지를 던졌지만 주택 가격은 여전히 오르고 있었다. 특히 강남권 고가 아파트들이 먼저 반응했다. 이제 다주택자가 주택을 여러 채 가지는 것은 규제 때문에 실리가 떨어지고 똘똘한 한 채가 낫다는 인식이 퍼지기 시작했기 때문이다. 가령 2017년 5월 18억 원 선에서 실거래되던 반포래미안퍼스티지 84㎡는 연말이 되자 실거래가가 22억 원을 넘겼다. 16억 원 하던 반포자이 84㎡는 19억 원을 넘겼고 14억 원 하던 도곡렉슬은 17억 원이 됐다.

사실 여기에 불을 지핀 것은 엉뚱하게도 여당 의원이 발의한 종합 부동산세 관련 법안이었다. 당시 국회에는 종합 부동산세 최고세율을 3%까지 인상해 다주택자의 세 부담을 높이는 개정안이 발의돼 있었는데, 여기에 1가구 1주택자에 대해서는 종합 부동산세 과세 대상 기준을 (공시 가격 기준) 현행 9억 원에서 12억 원으로 완화하는 내용이 포함돼 있었다. 이는 아마도 급격한 증세에 대한 저항을 1주택자에 대한 배려로 돌파해 보고자 하는 장치였을 것이다.

문제는 이렇게 되면 강남권 주택 가격의 지붕으로 작용하던 공시 가격 9억 원의 선이 깨진다는 데 있었다. 대개 주택 공시 가격은 시세의 60% 선을 반영하니, 공시 가격 9억 원이면 시세 15억 원 내외의 아파트까지 종합 부동산세 대상에서 제외되는 것이다. 그런데 당시에는 강남권 신축 아파트라도 이 기준을 의식해

15억 원을 살짝 넘긴 수준에 도열해 있었지, 홀로 20억 원, 30억 원을 외칠 용기 있는 단지는 없었다. 그런데 만약 1가구 1주택자에게 공시 가격 12억 원까지 종합 부동산세를 면제해 준다면? 강남 집값의 뚜껑은 시세 20억 원이 될 게 명확해진다.

과거 수년간 주택 시장은 시세 6억 원(취득세 2.2%), 시세 9억 원(취득세 3.3%), 공시 가격 9억 원(시세 15억 원, 종합 부동산세 대상)이라는 세 가지 가상의 선으로 구분되고 있었는데, 이 법이 통과되면 최상단의 천장이 깨지는 것이었다.

가뜩이나 똘똘한 한 채로 트렌드가 바뀌어 가는 상황에서 통과되지도 않은 법안이 현실에서의 가격 저항선을 일시에 무너트렸다. 강남 집값은 20억 원을 새로운 기준선으로 도열했고, 그것이 새로운 표준이 돼 버렸다(그리고 이 법은 2021년 현재까지 통과되지 않았다).

사정이 이렇게 되니 또다시 눈치 게임이 시작됐다. 가령 2017년 5월에 13억 원 하던 잠실엘스와 잠실리센츠는 얼마가 돼야 한단 말인가? 강남 집값이 다 같이 용수철처럼 튀어 오르기 시작하는데 잠실이라고 예외일 리가 없다. 12월 잠실엘스의 실거래가는 16억 원을 기록했고 리센츠도 같은 속도로 추격했으며 10억 원 하던 파크리오는 13억 원을 넘겨 거래됐다.

그렇다면 그다음 차례는 어디일까? 마포래미안푸르지오는 5월에만 해도 시세 9억 원의 벽에 갇혀 있었다. 그러나 이제는 사정이 달랐다. 바로 시세 1억 원 차이라고 생각했던 잠실파크리오가 13억 원까지 달아났기 때문이다.

온기는 강남에서 한강을 넘어 강북으로 번졌다. 2018년 1~3월을 지나고 나니 마포래미안푸르지오의 가격은 어느덧 13억 원이 됐고, 마찬가지로 9억 원 언저리였던 래미안마포리버웰과 e편한세상옥수파크힐스도 12억 원대를 바라봤다. 7억 원 중반대에서 거래되던 왕십리텐즈힐과 왕십리센트라스는 11억 원이 됐고, 6억 원대에서 가격이 형성돼 있던 답십리래미안위브와 DMC래미안e편한세상은 9억 원을 꽉 채우며 따라갔다.

그런데 강남권 아파트의 가격 상승을 빠르게 따라간 아파트들에는 한 가지 특징이 있었다. 바로 대단지 신축이라는 점이었다. 특히 뉴타운 대장 단지들이 시세 상승을 추종하는 속도가 빨랐는데, 비강남권에서도 이제는 가격을 선도하는 신축 대표 선수들이 위상을 공고히 하면서 먼저 상한가를 치고 나가면 인근 구축 아파트들이 서너 달 시차를 두고 쫓아가는 일이 반복됐다.

그러나 이 시기는 매수 대기자에게 몹시 힘들고 고통스러운 시간이어서 '이 호가를 주고 사는 것이 맞는가'라는 고민을 무한히 반복해야 했다. 문제는 신고가 거래는 계속 여기저기에서 일어나는데 절대적인 거래량 자체가 그리 많지 않았다는 것이다.

상투인 줄 알면서도 잡을 수밖에

2017년 가을 어느 동네에 13억 원대에 거래되던 아파트가 하나 있었다. 늘 마음에 두고 있던 단지였는데, 겨울이 지나면서 실거래가가 14억 원대까지 오르고 말았다. 1년 전만 해도 11억 원대이던 아파트였는데 불과 1년 사이 3억 원이 오른 셈이었다.

4월이 지나면 다주택자가 세금 문제로 더 이상 집을 팔지 않을 것이라는 걱정에 다급히 부동산에 가서 매물이 있는지 물었지만 공인 중개사의 반응은 시큰둥하기만 했다. "매물이 있기는 하지만 당신이 생각하는 가격에서 2억 원은 더 생각해야 한다"라면서.

급한 마음에 부동산을 찾기는 했으나 사실 바로 입주할 여력은 안 된다. 일단 전세를 끼고 나중에 입주할 집을 사 두려고 한 것인데 2억 원을 더 내라니 마음이 급해진다. 지금이니까 2억 원이지 여름이 지나면 아예 못 사는 것 아닐까? 하지만 2억 원은 예산에서 훨씬 벗어난 큰돈이라 동호수를 타협하고 고층을 포기한다. 그러나 마음에 들면 가격이 안 맞고, 사정권에 들어온다 싶으면 이런저런 조건들이 맞지 않는다.

그러는 중에 실거래가가 한 건 등록된다. 지금의 호가도 넘어서는 16억 7,000만 원이라는 충격적인 금액! 아무리 고층이라도 정말 이 가격에 거래됐다면 2억 원을 더 주고라도 이 집을 잡아야 한다. 다음 번 호가는 이 실거래가보다 위에 있을 것이 분명하기 때문이다. 그래도 2억 원을 마련하기에는 도저히 사정이 빠듯해 고민 고민하다가 "그러면 15억 5,000만 원이면 살 용의가 있느냐"라는 제안을 받는다. 그 자리에서 도장을 찍고, 계약을 체결한다.

이제 이 집의 실거래가는 16억 7,000만 원과 15억 5,000만 원으로 기록될 것이고, 다음번의 호가는 17억 원, 실거래가의 마지노선은 16억 원 수준에 접어들 것이다. 가격표를 받아 든 다음번 매수 희망자는 낙담에 빠지겠지만 또 달려들 수밖에 없다. 4월이 지나면 다시는 기회가 없을 테고 지금이 여기에 입성할 수 있는 마지막 기회라는 생각이 들기 때문이다.

이 이야기는 약간의 각색을 거쳤으나 실화다. 그리고 실제로 2018년 초 시장에서 벌어진 일이기도 하다. 실거래가 16억 7,000만 원을 기록한 그 아파트 가격이 거품이라거나 더 이상 오르지 않을 가공의 성이라는 이야기는 아니다. 실제로 그 아파트 가격은 이후로도 더 올라서 지금은 20억 원 수준을 형성하고 있다.

하지만 이 시기의 가격 상승은 소수의 거래 사례들이 과대표돼 불필요할 정도로 빠르고 큰 폭으로 나타났다. 4월이라는 심리 장벽이 없었다면 과연 이런 일이 발생했을까? 2018년 4월이 지나면 지구가 멸망하고 아파트를 살 기회가 사라지며 이전과 다른 세계가 펼쳐져 꿈도 희망도 사라졌을까?

아니었다. 실제로 운명의 4월이 지나자 거래량이 급속히 냉각되면서 서울 아파트 가격은 보합세로 돌아섰다. 워낙 단기간에 가파르게 상승한 데다 막상 4월이 돼도 별일이 일어나지 않자 시장 참여자들이 관망세로 돌아섰기 때문이다.

2018년 1월 120까지 오르던 서울 아파트 매수 우위 지수[6]는 4월이 되자 80 이하로 떨어졌다. 게다가 2018년에는 9,510세대의 매머드급 단지 송파헬리오시티의 입주가 예정돼 있고, 하반기에만 1만 5,000세대 이상의 입주 물량이 예정됐기 때문에 여유가 있었다. 굳이 "4월 안에 집 파시라"거나 제대로 숙성되지도 않은 종합 부동산세 법안 개편 같은 이야기를 흘려 혼란을 주지 않아도 시장은 어느 정도 자정에 의해 안정될 여건이었다.

섣익은 개입으로 시장의 불안 심리와 공포를 자극하고 다른 한편에서는 결정되지도 않은 의원 입법으로 종합 부동산세 완화 시그널을 주자 시장은 혼란에 빠졌고 강남 집값은 급격하게 올랐다. 그다음은 신축 뉴타운 대장 아파트들이었고, 그 흐름을 따라 6억 원 하던 아파트가 9억 원이 됐다. 그러면 끝날 줄 알았다. 하지만 아니었다.

---

6   주택 시장에서 집을 팔려는 사람이 많은지 사려는 사람이 많은지를 측정한 지수로, 100을 중간으로 매수자가 많을수록 200에 가까워지고 매도자가 많을수록 0에 가까워진다.

가격이 가격을
밀어올리는 장세

모두가
부동산의
기본 나는
시대

그해 여름은 유난히도 더웠다. 2018년 8월 1일에는 서울 최고 기온이 39.6도로 사상 최악의 폭염을 기록했다. 8.2 대책 1주년인 2018년 8월 2일에는 서울의 밤 최저 기온이 30.3도로 기상 관측 이래 가장 높았다. 여름철 폭염 일수는 31.4일, 열대야는 17.7일을 기록했는데, 이는 평년의 세 배 이상, 1973년 이후 최고치였다.

부동산 시장에도 때아닌 불장이 다시 한번 다가왔다. 8.2 대책이 나오고, 운명의 4월도 지나 이제 정책 효과가 나타날 때도 됐는데, 청약 가점 50점으로는 당첨이 어림도 없고 엄격한 대출 규제로 자금을 조달할 방법도 없는데 호가가 자꾸 뛰어오르는 것을 사람들이 온몸으로 느끼기 시작했기 때문이다.

'이대로 있다가는 나만 바보 되고, 영영 집을 살 수 없겠구나.'

이에 강북의 아파트들이 다시 들썩였다. 그중 특히 마포래미안푸르지오가 그랬다. 3월 말 이후 5월까지 단 두 건의 실거래만 있던 마포래미안푸르지오 $84m^2$형은 7월 말부터 거래에 불이 붙기 시작하더니 8월 말까지 무려 22건이 무더기로 거래됐다. 대략 12억 원대에서 형성되던 가격은 실거래가 반복됨에 따라 14억 원대로 올라섰고 끝내는 특수 평면(테라스형) $84m^2$ 매물이 15억 6,000만 원에 거래되는 기염을 토했다.

아무리 마포 신축 대장 아파트라지만 불과 1년 전 9억 원이던 아파트가 15억 원을 돌파하는 것을 목격하면서 모두가 상당한 충격을 받았던 것 같다.

바로 연이어 반응한 것은 다시 잠실이었다. 마포래미안푸르지오가 15억 원을 넘는 사이 잠실엘스와 리센츠는 17억 원을 넘어 18억 원을 기어이 찍었다. 도곡렉슬은 한술 더 떠서 21억 원의 실거래가를 기록했고, 반포자이는 23억 원을 넘겼다. 반포래미안퍼스티지는 2018년 9월 22일 27억 원이라는 실거래가 기록을 남기며 존재감을 확실하게 보여 줬다.

마포와 잠실이 서로 견제하고 키를 재며 오르는 것이 강남 집값을 더 위로 밀어 올리는 촉매로 작용한 것이다.

그런데 그런 현상은 위쪽에서 그치지 않았다. 마포래미안푸르지오가 15억 원이 된 이상 9~15억 원 사이의 아파트 급간도 다시 맞춰져야 했다. e편한세상옥수파크힐스 14억 원, 왕십리센트라스 13억 원, 래미안트윈파크 12억 원, 상도2차두산위브트레지움 11억 원, 답십리래미안위브가 10억 원이 됐다. 9억 원 이하의 아파트라도 거칠 것이 없어서 서울 시내 전역에서 전고가 대비 10% 이상 오른 신고가 거래가 쏟아졌다.

무덥고 뜨거운 날씨만큼이나 사람들의 마음이 달아올랐고, 이제는 별다른 이유 없이 가격이 가격을 올리는 장세가 본격적으로 펼쳐지기 시작했다. 10억 원 하던 아파트가 11억이 되니 9억 원 하던 아파트도 10억 원이 될 자격을 획득한다. 다시 8억 원 하던 아파트가 9억 원을 외치고 7억 원 하던 아파트는 8억 원이 된다. 6억 원 하던 아파트가 7억 원이 되고, 5억 원 하던 아파트도 6억 원 선을 넘본다. 그렇게 다 같이, 마치 한패가 되어 짜기라도 한 듯 서울 시내 아파트 가격은 동시에 올랐다.

이러한 장세를 잡기 위해서는 서울 시내에 이른바 '마포래미안푸르지오'와 비슷한 직주 근접의 대단지 신축 아파트가 또 나올 것이라는 확신과 희망을 줄 수 있어야 하는데 그런 일은 없을 것 같았다. 설령 어떻게 나온다고 해도 내 몫은 아닐 것 같다는 생각이 사람들을 사로잡으며 매수 심리가 불에 기름을 부은 듯 활활 타올랐다.

매수 우위 지수 171.6

그렇게 2018년 9월 첫 주 KB에서 발표한 서울 시내 아파트 매수 우위 지수는 무려 171.6으로 전무후무한 기록이었다. 이는 2006년 11월의 157.4를 아득히 넘어섰는데, 시장의 수요자들이 얼마나 큰 불안과 절박감에 내몰리고 있는지 선명하게 보여 주었다. 경제부총리가 이러한 상황에 대해 "최근 시장은 투기적 수요, 거기에 조금 편승된 불안 심리가 작용한 것 같다"라고 언급할 정도였다.

그러나 수요자 입장에서는 기다린다고 아무것도 달라지지 않았다. 2017년 5월 불과 6억 600만 원 수준이던 서울 시내 아파트 중위 가격이 2018년 9월 이미 8억 2,975만 원으로 2억 원도 넘게 올라 있었다. 이러한 상황이 해소될 기미는 보이지 않았으며, 내 집 마련을 위한 발버둥은 점차 어딘가 부도덕하고 잘못된 행동처럼 이야기되기 시작했다. 은행에서 대출을 받으면 사용처를 따져 묻기 시작했고, 집을 사려면 자금 조달 계획서를 써내야 했으며, 이런 과정에서 마치 죄인 취급을 받는 듯한 느낌이 점점 강해졌다.

마음이 쫓기고 쫓겨 매수 우위 지수 171.6의 불장에서 발을 동동 굴리며 부동산 시장을 뛰어다닌 사람 중 투기꾼을 찾기란 그리 쉽지 않았다. 이미 좋은 시절을 다 겪어 본 다주택자들로서는 바뀐 제도하에서 양도 소득세 중과와 종합 부동산세 부담을 감수하면서 오를 대로 오른 집을 추가로 사 봐야 그다지 남을 것 같지 않다는 계산이 섰기 때문이다.

3기 신도시를 통한
공급 재검토

시장에서 매수 심리가 걷잡을 수 없이 타오르자 정부는 이를 달 랠 방안을 내놔야 했다. 더군다나 전통적 부동산 거래 성수기인 추석을 코앞에 둔 시점이었다.

2018년 9월, 8.2 대책이 나온 지 1년여 만에 이른바 9.13 대책 이라는 또 한 번의 강력한 종합 대책이 발표됐다.

먼저 임대 사업자 제도가 뒤엎어졌다. 그동안의 정책이 다주 택자들로 하여금 임대 등록을 장려하는 방향이었다면 9.13 대 책에서는 새로 취득한 집으로 임대 사업자 등록을 해도 세제상 의 혜택을 주지 않겠다고 입장을 바꿨다. 또 2주택 이상 보유한 다주택자는 신규 주택 담보 대출이 완전히 차단됐고, 1주택자도 신규로 집을 살 경우 기존 집을 일정 기간 내에 매각하는 조건부로만 신규 대출이 가능했다. 기존에 발표된 양도 소득세 중과는 물론 앞으로는 종합 부동산세 부담도 커질 예정이니 다주택자가 집을 더 사 모으는 길은 점점 더 좁아졌다.

한편 주택 공급 시그널도 처음으로 나왔다. "서울 및 수도권의 주택 인허가, 분양, 준공 물량은 지난 10년에 비해 최근 3년간 큰 폭으로 증가하여 원활히 공급 중"이고 "향후 5년간 서울 및 수도권의 주택 수급도 안정적일 것으로 전망"되지만 "양질의 저렴한 주택이 충분히 공급될 수 있도록" 수도권 공공 택지를 확보해 추가 공급하겠다는 것이었다.

1차로 발표된 곳은 약 3만 5,000호 규모였는데, 그중 서울은 1만 호 내외로 성동구치소 부지(1,300호), 개포동 재건마을(340호) 외 9개 비공개 부지라고 했다. 이 외에 광명 하안, 의왕 청계, 성남 신촌, 인천 검암 등 서울과의 경계에 위치한 중소 택지도 포함됐다.

그러나 이 정도의 공급은 시장의 기대 수준을 채우기에 턱없이 부족했다. 그래서 정부는 2018년 12월 본격적인 3기 신도시 개발을 공식적으로 발표했다.

당시에는 동탄2, 파주 운정, 양주 옥정 등 2기 신도시 입주가 한창이라 역전세난까지 대규모로 일어나고 있었다. 또 2기 신도시는 서울 시내에서 약 30km 거리에 조성됐는데, 광역 교통 시설이 제대로 뒷받침되지 못해 서울까지 출퇴근하려면 하루에 왕복 3시간 이상 소요될 정도였다. 100만 명 이상의 인구를 수용할 수 있는 대규모 신도시였지만 출퇴근할 엄두가 나지 않아 서울에 직장이 있는 사람은 2기 신도시로의 이사를 결심하기 어려웠다.

그런데 문제는 이제 2기 신도시 입주가 마무리되면 추가로 신도시를 조성할 수 있는 땅이 없다는 데 있었다. 2001~2010년까지 10년간 경기도권에 지정된 신규 택지는 매년 평균 2,135만㎡ 수준이었다. 그런데 2008년 금융 위기를 겪고 2010년 이후 주택 경기가 본격적인 하락세에 접어들면서 신규 택지 조성의 근거이던 택지 개발 촉진법이 힘을 잃었고, 2011~2017년까지 7년간 신규 지정된 택지는 다 합해 564만㎡에 불과했다. 그 기간 동안 2기 신도시가 꾸준히 개발되면서 이제 수도권에서 물리적으로 개발 가능한 택지는 이미 대부분 소진된 상태였으며, 이 시점에 신규 택지를 지정하지 않는다면 수도권 차원에서도 거대한 공급 절벽이 올 것이 명확했다.

3기 신도시로 지정된 남양주 왕숙, 인천 계양, 하남 교산, 과천 지구는 총 2,273만㎡, 12만 2,000가구 규모였다. 이는 큰 수 같지만 2001~2010년까지 매년 지정된 택지 규모와 엇비슷한 수준이었다.

또 2019년 5월 2차로 고양 창릉, 부천 대장 지구 등이 추가로 발표됐다. 이때 지정된 예정 규모는 1,913만㎡였다.

지하철 건설 공약의 진실

3기 신도시의 가장 큰 특징이라면 서울 시내에서 20㎞ 반경에 위치해 서울과의 거리가 상대적으로 가까운 곳에 조성된다는 것이었다. 또 2기 신도시가 교통망의 한계로 서울까지의 출퇴근 여건이 좋지 않았다는 점을 고려해 철도 등 광역 교통망과 연계되는 도시로 설계하려 했다.

그런데 신도시 건설과 함께 약속된 교통망 착공은 역사적으로 제대로 지켜지지 않고 미뤄진 경우가 허다했다. 가령 청라 신도시의 경우 서울 지하철 7호선 청라 연장을 전제로 세대당 2,000만 원씩, 거의 조 단위의 교통 분담금을 분양가에 포함해 납부했다. 그러나 입주 후 10년이 더 지난 현재까지도 7호선 연장은 이루어지지 않았고 2021년 말에나 착공해 2027년 개통을 예상하고 있다. 신분당선 호매실 지구 연장, 위례 신도시 트램 등도 비슷한 사례다.

실상이 이러함에도 3기 신도시 계획과 함께 다시금 선심성 발표가 쏟아졌다. 가장 규모가 큰 남양주 왕숙 지구는 별내 신도시 우측의 확장 개념인데, 인천 송도에서 부천을 지나 신도림, 여의도, 시청, 청량리로 이어지는 GTX-B 노선이 연결되는 선상에 있었다. 양주에서 의정부, 창동을 지나 청량리와 삼성역으로 이어지는 GTX-C와 연계한다면 강남권으로의 통근 여건도 기대할 만했다. 또 별내, 다산 신도시와 BRT를 연계해 8호선, 경의중앙선으로도 쉽게 환승 가능하도록 하겠다는 구상도 발표됐다.

그런데 실제 진도가 가장 빠르다는 GTX-A(운정-서울역-삼성-동탄)조차 2018년 12월 이름뿐인 착공식을 했을 뿐 신도시 계획들이 발표되던 2019년 5월까지 공사에 착수하지 못했다. 국토교통부의 개통 목표는 2023년 말이지만, 2021년 7월 현재 불과 2년여밖에 남지 않았는데도 지하 터널 굴착에 대한 주민 반발, 광화문 공사 현장의 문화재 발굴, 삼성동 환승 센터 착공 지연, 열차 차량 도입 일정 연기 등으로 인해 2025년 이후에나 개통 가능할 것으로 예상된다. 하물며 GTX-C는 당시 예비 타당성 조사를 갓 통과한 단계였으며, GTX-B는 경제성 확보 여부가 불투명했다. 두 노선 모두 2년이 더 지난 2021년 현재까지 삽을 뜨지 못한 상황이다.

창릉 지구에는 아예 고양선을 놓겠다고 했는데, 이는 기존에 계획된 서부선의 연장 개념이었다. 서부선은 은평구 새절역을 출발해 연세대, 신촌을 지나 여의도, 노량진, 서울대입구로 이어지는 경전철 계획으로, 이 노선을 새절역에서 고양시 방향으로 더 연장해 창릉 지구를 지나 대곡역까지 잇겠다는 구상이었다.

그런데 계획의 모체인 서부선조차 2023년 착공 예정으로 4년이나 남아 있는 상황에서 고양선이 예정대로 진행될 수 있을지 불투명했다. 게다가 소요 재원은 창릉 지구 입주자의 교통 분담금으로 해결하겠다고 했는데, 앞서 타 신도시에서의 사례를 보면 이 역시 신뢰하기 어려웠다. 그 와중에 어차피 창릉 지구 지하를 지나는 GTX-A도 그냥 넘길 수 없는 일이라 이제는 GTX-A 창릉역 신설까지 검토를 한다는 상황이 됐다.

하남 교산 지구에는 지하철 3호선을 연장하겠다고 했는데 이 역시 논란을 일으켰다. 왜냐하면 2016년 6월 이미 '제3차 국가 철도망 구축 계획'에 포함돼 발표된 대화-운정 간 3호선 연장도 기약 없이 미뤄지고 있는 상황에서, 그보다 앞서 서울과 더 가까운 3기 신도시에 전철을 놓는 셈이기 때문이다. 그뿐 아니라 이미 발표된 지하철 계획 노선들이 한둘이 아닌데 3기 신도시에 교통 대책을 우선적으로 추진한다는 것은 지역 간의 형평성에 어긋나는 일로 받아들여졌고, 심지어 1, 2기 신도시 주민 사이에서는 3기 신도시 계획을 철회하라는 성난 목소리까지 나오기 시작했다.

급기야 GTX를 둘러싼 논란 때문에 주민들이 집단 시위에까지 나섰다. 대부분의 수도권 지역들이 서울과 중전철로 연결된

데 반해 김포는 오래도록 교통 소외 지역으로 남아 있었다. 20년 전 서울과 연결된 길은 2차선 도로 하나가 전부였고, 이후 김포 한강 신도시가 들어서면서 도로가 점점 넓어졌으나 여전히 교통 체증이 심각해 김포 사람들은 아예 새벽 6시에 출근하는 것을 익숙하게 여길 정도였다.

정부와 김포시는 이 문제를 해결하기 위해 서울 지하철 5호 선을 연장하는 방안을 오래 고민했으나, 김포공항부터 직선거리 만 15㎞가 넘어 건설의 경제성 문제가 앞을 가로막았다. 더욱이 신도시의 특성상 출퇴근 시간을 제외하면 탑승 수요가 많지 않 으니 비용 대비 편익의 문턱을 넘기 어려웠다.

그러나 김포 한강 신도시 주민들은 이미 가구당 1,200만 원 에 달하는 교통 분담금을 분양가에 포함한 터였고, 이 규모만도 1조 원이 훌쩍 넘었다. 이 재원을 활용해 건설비가 적게 드는 경 전철을 짓는 방향으로 선회한 것이 2011년이었고, 당초 4량 편 성 계획에서 3량이 됐다가 2량까지 줄어들어 심의에 들어간 것 이 2013년이었다. 김포시 입장에서는 어떻게든 경전철 건설이라 도 밀어붙이기 위한 타협안이었다. 결국 국비 지원 없이 주민들 의 교통 분담금과 시비 3,000억 원을 합해 총 사업비 1조 5,000억 원을 들여 지은 김포 골드라인은 우여곡절 끝에 2019년 9월 개 통했다.

그러나 막상 개통 이후에도 사정이 크게 나아지지 않았다. 2량으로 줄어든 열차로는 사람들을 충분히 수송할 수 없었고, 출퇴근 시간의 혼잡도는 무려 285%에 달했다. 특히 서울과의 관문인 김포공항역에서는 사람들이 발 딛을 틈도 없이 승강장에 빼곡히 들어서는 풍경이 매일 펼쳐졌다. 그러나 이미 2량 편성에 맞는 규모로 승강장을 건설했기 때문에 열차를 3량이나 4량으로 늘리는 것도 불가능했다. 열차를 새로 발주해 현재 3분 30초인 혼잡 시간대 배차 간격을 3분까지 줄이겠다는 계획이 나왔지만 시간이 걸리는 일이고 그래 봐야 근본적 해결책은 아니라 난감한 상황이었다.

이러한 상황에서 2019년 10월 31일, 국토교통부가 '대도시권 광역 교통 비전 2030'을 발표했다. "광역 급행 철도 수혜 범위를 확대하기 위해 수도권 서부권 등에 신규 급행 노선을 추가 검토하겠다"라는 것이었다. 경기도는 김포와 하남을 연결하는 GTX 노선을 제안했고, 인천시는 김포와 인천공항에서 출발한 두 노선이 만나 하남까지 가는 Y자 노선을 들고 나왔다. 그러나 이는 지자체의 구상일 뿐 정부의 안은 정확히 밝혀지지 않았고, 확인되지 않은 여러 가지 설만 난무했다.

그러던 중 2020년 10월, 김포도 조정 대상 지역으로 추가 지정되며 강화된 부동산 규제를 적용받게 됐다. 이후에 서술하겠지만 김포만 비규제 지역이 된 데 따른 풍선 효과에 대한 대응책이었다. 그런데 이를 발표하는 과정에서 "서부권 급행 철도에 대한 지역의 기대감이 있으며 최근 외지인 투자 비중 증가에 따라 주택 가격이 급등하는 등 과열이 심화하고 있다"라는 언급이 나왔다. GTX-D가 기정사실화된 것 아니냐는 시각이 확산되면서 사람들의 심리가 더 달아올랐고, 급기야 국토교통부가 "서부권 급행 철도 노선은 확정된 바 없다"라는 보도 자료를 내기에 이르렀다.

김포의 교통 여건이 달라지지 않는 가운데 사람들은 하루하루 지쳐 갔다. 그 와중에 GTX-A는 공사가 한창이고, GTX-B, C 노선도 조기에 착공하겠다는 이야기가 들려온다. 3기 신도시에도 새로운 지하철이 들어간다는데 김포는 여전히 버스와 골드라인에 48만 명의 시민들이 힘겹게 매달려 있었다.

그리고 2021년 4월 '제4차 국가 철도망 구축 계획'이 발표됐다. 여기에 김포의 교통 여건을 개선하기 위해 GTX-D를 도입한다는 언급이 나왔다. 그런데 발표된 노선은 김포와 부천 종합운동장을 잇는, 조금 엉뚱한 것이었다. 급행 노선이기는 하지만 부천에서 다시 7호선으로 환승해야 하고, 이렇게 되면 현재의 김포 골드라인이 연결하는 9호선 환승 대비 실익이 없었다.

폭발한 김포 주민들은 부슬비가 오던 2021년 5월 어느 날 집단 시위에 나섰다. 여당의 유력 의원이자 전 대표가 아침 출근 시간에 지역구 의원들과 함께 골드라인에 탑승해 현장을 돌아보기까지 했다. 이 자리에서 그는 국토교통부 장관에게 전화를 걸어 "4차 국가 철도망 계획이라는 게 시간이 걸리는 것인데 그걸 인색할 필요가 있을까"라고 말했다고 알려졌다. 마치 선심성 공약을 주문한 것같이 느껴지는 대목이다.

　모두를 만족시키는 정책은 없다. 그러나 정책 신뢰 문제는 반드시 무겁게 다뤄져야 한다. 이미 10여 년 전에 공언된 지하철 계획이 무기한 연기돼 기약이 없어진 터에 새로 신도시를 지어야 하니 또다시 지하철 공약부터 날리고 보는 식의 태도는 모두를 허탈하게 할 뿐이다. 특히 그 약속을 믿었다는 이유로 매일같이 멀고도 험한 출퇴근길에 시달리는 사람들의 삶을 생각한다면 말이다.

　또 이렇게 교통 대책들까지 앞세워 3기 신도시를 추진하겠다는 것은 결국 내 집 마련을 생각하는 사람들의 시선을 서울 밖으로 돌려 수요를 분산하겠다는 취지였을 텐데, 그것이 단기간에 실현 가능성이 낮은, 급조된 공수표라는 것을 사람들이 인식하게 된다면 그나마 의도한 공급 효과마저 반감돼 버리고 말 것이다.

　청사진을 빠르게 제시하고 싶은 욕심을 이해하지 못하는 것은 아니지만, 그동안의 사례를 보면 대한민국에서 지하철 건설 공약은 정말 공사를 시작하기 전까지는 그저 하나의 희망 사항으로 받아들이는 편이 현명할 것이다.

2018년 9.13 대책 주요 내용

1. 종합 부동산세 강화(2019년 1월 1일 적용)

- 시세 상승분을 반영하여 공시 가격 현실화
- 다주택자에 대한 종합 부동산세율 구간별 상향, 세 부담 상한 150% → 300% 인상

과세 표준 (시가)	현행	당초 정부안		수정안	
		2주택 이하	3주택 이상	일반	3주택 이상 & 조정 대상 지역 2주택
3억 원 이하 (1주택 18억 원 이하 다주택 14억 원 이하)	0.5%	현행 유지	현행 유지	현행 유지	0.6% (+0.1%p)
3~6억 원 (1주택 18~23억 원 다주택 14~19억 원)				0.7% (+0.2%p)	0.9% (+0.4%p)
6~12억 원 (1주택 23~34억 원 다주택 19~30억 원)	0.75%	0.85% (+0.1%p)	1.15% (+0.4%p)	1.0% (+0.25%p)	1.3% (+0.55%p)
12~50억 원 (1주택 34~102억 원 다주택 30~98억 원)	1.0%	1.2% (+0.2%p)	1.5% (+0.5%p)	1.4% (+0.4%p)	1.8% (+0.8%p)
50~94억 원 (1주택 102~181억 원 다주택 98~176억 원)	1.5%	1.8% (+0.3%p)	2.1% (+0.6%p)	2.0% (+0.5%p)	2.5% (+1.0%p)

과세 표준 (시가)	현행	당초 정부안		수정안	
		2주택 이하	3주택 이상	일반	3주택 이상 & 조정 대상 지역 2주택
94억 원 초과 (1주택 181억 원 초과 다주택 176억 원 초과)	2.0%	2.5% (+0.5%p)	2.8% (+0.8%p)	2.7% (+0.7%p)	3.2% (+1.2%p)
세 부담 상한	150%	현행 유지		150%	300%

* 1주택자 공시 가격 9억 원(시가 약 13억 원) 이하, 다주택자 공시 가격 6억 원(시가 약 9억 원) 이하는 과세 제외

* ( )는 현행 대비 증가 세율

2. 대출 규제 강화

- 2주택 이상 보유자 규제 지역 내 주택 담보 대출 금지
- 1주택자는 규제 지역 내 기존 주택 2년 내 처분 조건부 주택 담보 대출 허용(자녀 분가, 노부모 별거 봉양 등 예외 사유 외)
- 규제 지역 내 공시 가격 9억 원 초과 주택 구입 시 실거주 목적 외 주택 담보 대출 금지
- 기존 보유 주택 담보 생활 안정 자금 대출 규제 강화(연간 1억 원 한도, 2주택 이상 LTV 30%, 생활 안정 자금으로 주택 추가 구입 금지)
- 전세 자금 대출 공적 보증 규제 강화(다주택자 제한, 1주택자 소득 요건 7,000만 원·부부 합산 1억 원 등 적용)

3. 양도 소득세 세제 개편

- 실거래가 9억 원 초과 주택은 2년 이상 거주 시 장기 보유 특별 공제(10년, 최대 80%) 적용(2020년 1월 1일 적용)
- 조정 대상 지역 일시적 2주택 중복 보유 기간 3년→2년 축소(신규 취득분부터)

4. 임대 사업자 규제 강화

- 대책 발표 이후 유주택자가 조정 대상 지역에 새로 취득한 주택은 임대 등록 시에도 양도 소득세 중과, 종합 부동산세 합산 과세
- 등록 임대 주택 양도 소득세 감면 요건에 주택가액 기준 신설(수도권 6억 원, 비수도권 3억 원)
- 투기 지역·투기 과열 지구 내 주택 담보 임대 사업자 대출 LTV 40% 도입, 공시 가격 9억 원 초과 시 주택 담보 대출 원천 금지
- 주택 담보 대출 기보유 임대 사업자의 투기 지역 내 주택 취득 목적 신규 주택 담보 대출 금지
- 임대 사업자 임대 조건, 양도 금지 의무 위반 시 과태료 상향(1,000만 원 이하→3,000만 원 이하)
- 주택 임대차 정보 시스템 가동, 임대차 계약 정보 데이터베이스화

5. 청약 관련

- 무주택 기간 산정 시 분양권·입주권 소유자 제외
- 추첨제 물량 무주택자 우선 추첨
- 분양가 상한제 주택 전매 제한 강화(투기 과열 지구의 경우 3~8년)
- 청약 시스템 운영 주체를 금융결제원에서 한국감정원으로 변경, 부정 당첨자 등 관리 강화

6. 기타

- 자금 조달 계획서상 기존 주택 보유 현황 및 현금 증여 등 신고 사항 추가, 조사 강화
- 실거래 신고 기간 단축(계약 후 60일 내→30일 내), 계약 취소 시 신고 의무 부여
- 거래 계약 허위 신고 시 3,000만 원 이하 과태료 부과 규정 신설, 시세 왜곡 행위 처벌 방안 마련

대출이 안 나오니
갭 투자를 합니다

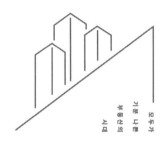

집값은 왜 오를까? 사려는 사람이 많으면 집값은 오른다. 그렇
다면 집을 사려는 사람들의 입장은 모두 동일할까?

우선 무주택자의 경우 자신이 거주하려고 입주를 전제로 집
을 산다. 집값의 상당 부분을 자기 자본으로 해결한다는 전제로
이 경우는 순수한 실수요로 분류할 수 있을 것이다.

1주택자가 이사하기 위해 새집을 사는 경우도 있다. 직장이나
학교 때문일 수도, 더 넓은 집으로 옮기고 싶어서일 수도, 신축
주택으로의 이동 때문일 수도 있다. 그 목적이 무엇이든 이사하
면서 원래 살던 집을 팔고 1주택자로 남는다면 이 역시 순수한

실수요자다. 이사와 같은 날 입주까지 이루어진다면 깔끔하겠지만 여러 사정으로 어려운 경우도 있으니, 법에서는 새집을 사고 2년 안에만 기존 집을 팔면 순수한 의도의 일시적 2주택자로 인정한다.

그다음부터 판단이 어려워진다. 무주택자가 당장 입주할 계획은 없지만 일단 전세를 끼고 매수한다면 어떨까? 1주택자가 됐다는 관점에서 보면 탓할 것이 없다. 하지만 살지도 않을 집을 굳이 먼저 산다는 것은 무슨 의미일까? 게다가 그것이 비싼 전세를 끼고 소액의 자본으로 한 갭 투자라면 말이다.

1년 뒤 이 집의 가격이 동일하다면 굳이 전세를 끼고 미리 살 이유는 없다. 당장 내야 할 재산세도 내 몫이고, 세입자와 날짜 조율을 해야 하는 등 불편한 일도 생기기 때문이다. 대개는 몇 달 뒤에는 집값이 오르리라 예상하고 이런 선택을 한다. 조금 길게 남은 전세 계약을 끼고 계약해 전세 만기 시점에 직접 입주할 생각이라면 또 실수요로 참작할 여지가 있지만, 4년이고 6년이고 계속 전세를 줄 계획이고 언제 세입자의 전세 보증금을 반환해 줄 자금이 생길지 장담할 수 없는 상황이라면? 이 역시 정부에서 이야기하는 투기 수요의 일환일 수 있을 것이다.

내 집 마련에 대한 절박함의 결과

매수 우위 지수가 치솟아 170을 넘어가고 불과 1년 만에 서울 시내 집값이 평균 2억 원 오를 때, '이러다 정말 집을 못 사겠다'라고 생각하는 사람들의 절박감이 이른바 갭 투자로 나타났다. 2018년 여름, 서울에서 전세 보증금을 끼고 주택을 매입한 비중은 무려 59.6%에 달했다.

그런데 사실 어찌 보면 이는 자연스럽고 당연한 일이었다. 당시 서울 시내 아파트 전세가율은 여전히 70%를 넘는 수준이었는데, 이는 집값의 30%만 있으면 전세를 끼고 매입할 수 있다는 의미였다. 그러나 8.2 대책 이후 대출 규제가 강화돼 무주택자라 해도 대출은 집값의 40%로 제한됐고, 본인이 가진 자본이 집값의 70% 수준은 돼야 집을 살 수 있었으니 이른바 갭 투자는 자금 조달이 제약되는 상황에서 집을 사기에 더 유리한 수단이었다.

그런데 전세를 끼고 나머지 30%를 조달하는 데는 신용 대출의 역할이 컸다. 특히 2017년 이후 등장한 인터넷 은행들이 클릭 몇 번만으로 한도 확인부터 대출 실행까지 가능한 마이너스 통장 상품 등을 내놓았는데, 이는 대출에 대한 심리적 장벽을 크게 낮췄다. 금리 수준도 높지 않아서 초기에는 마이너스 통장을 만들려는 사람들 때문에 서버가 다운돼 제대로 접속되지 않을 정도였다.

LTV가 40%로 제한돼 받을 수 있는 담보 대출이 줄어든 상황에 이 신용 대출은 제법 큰 영향을 미쳤다. 1금융권 기준으로도 연소득의 1.5배까지 대출해 주는 경우가 많았는데, 맞벌이 부부를 기준으로 하면 신용 대출만으로 1억 5,000만 원을 조달하는 것도 드문 일이 아니었다. 7억 원짜리 집을 사면서 40%(2억 8,000만 원)를 담보 대출로 받고, 신용 대출(1억 5,000만 원)을 더하면 4억 3,000만 원으로, 사실상 60% 수준을 대출할 수 있는 셈이었다.

갭 투자를 생각하면 벽은 더 낮아졌다. 앞서 설명한 대로 담보 대출과 신용 대출로 7억 원짜리 집을 사는 경우 거의 3억 원의 추가 자금이 필요했는데, 같은 집을 전세를 끼고 사면 전세 보증금(75%, 5억 2,000만 원)과 신용 대출(1억 5,000만 원)로 6억 8,000만 원을 조달할 수 있다. 거기에 그동안 모은 돈을 영혼까지 끌어 모아 보태면 비록 당분간 입주할 수는 없을지언정 7억 원짜리 집도 남의 일이 아니었다.

이왕이면 불확실성을 줄이기 위해 이미 전세 세입자가 있는 집을 매수하는 편이 안전하게 느껴졌다. 그래서 얼마 동안은 입주 가능한 매물보다 전세 승계 매물이 더 인기 좋고 오히려 가격도 잘 받는 현상까지 일어났다. 집주인보다 세입자의 자기 자본이 더 많고, 재무 구조도 더 안정된 경우도 나타났다. 혹은 세입자가 받은 전세 자금 대출이 집주인의 갭 투자 자금 조달을 도와

주는 듯한 상황도 각지에서 일어났다. 그러니까 7억 원짜리 집에서 집주인의 자기 자본은 몇천만 원에 불과한데 그나마 75%를 차지하는 전세 보증금(5억 2,000만 원) 중에서도 상당 부분이 전세 자금 대출이어서 실제로 이 집에 들어간 돈은 대부분 은행 것이었다는 의미다.

영끌 갭 투자는 모두 투기일까?

그러나 이런 상황은 오래가지 못했다. 이른바 갭 투자가 늘어나고 송파헬리오시티와 고덕그라시움의 입주가 시작되자 2019년 초 전세 시장은 꾸준하게 안정세를 보였지만, 매수 수요가 늘면서 집값은 계속 올라 전세가율이 조금씩 떨어지기 시작한 것이다. 2019년 4월 서울의 아파트 전세가율은 65% 수준으로 거의 10%p 낮아졌고, 2020년 초에는 60% 선이 무너졌으며, 2021년 초에는 56% 선까지 내려왔다. 특히 매매 가격이 빠르게 상승한 강남 3구에서는 전세가율 하락 속도가 더욱 빨랐다.

이는 역설적으로 갭 투자자들의 재무 건전성을 강화해 주는 결과를 낳았다. 7억 원 하던 아파트가 10억 원으로 3억 원 가까이 오르는 사이, 5억 2,000만 원 하던 전세는 5억 5,000만 원 내외로 소폭 상승하는 데 그쳤다고 해 보자. 이제 집주인의 순자산은 10억 원에서 전세 보증금(5억 5,000만 원)과 신용 대출(1억 5,000만 원)을 뺀 3억 원이 된 것과 같다. 더군다나 집값과 전세 가격이 제법 큰 폭으로 벌어져 있어서 설령 매매 가격이 조금 떨어진다 해도 여유가 생긴 셈이다.

그런데 다시 돌아가서 이렇게 집을 산 무주택자를 갭 투기꾼으로 단정할 수 있을까? 당시 줄어든 담보 대출의 범위 내에서 무주택 가구가 집을 사려면 눈을 낮추는 수밖에 없었다. 3억 원의 자기 자본이 있어도 정석대로 접근 가능한 집은 5억 원 안팎의 가격대였기 때문에 선택의 폭이 그리 넓지 않았다. 그런데 집값이란 1억 원 남짓의 차이가 엄연해서 비강남권의 평범한 지역이라도 4억 원짜리 집, 5억 원짜리 집, 6억 원짜리 집, 7억 원짜리 집의 모습과 형편은 제법 차이가 컸다. 더군다나 당시의 내 집 마련 트렌드는 직주 근접이 가능한 새집에 기울어 있었는데, 1억 원이 가져다주는 출퇴근 시간의 차이는 무시하기 어려웠다.

이러한 경우에 무주택자가 가용한 대출을 모두 동원하고 부모님께 도움을 받아서라도 최대한 좋은 지역의 집을 사고 싶어하는 마음을 투기라고 단정할 수 있는지 의문이 든다. 더군다나 결과적으로 볼 때 비싼 집에 더 수요가 몰리고, 가격이 빨리 뛴 것도 사실이기 때문에 차근차근 천천히 밟아 올라가라는 식의 조언은 의미가 없었다.

그럼에도 전세를 끼고 집을 사는 행위는 모조리 투기적 성격으로 낙인찍혔다. 그러거나 말기나 사람들은 등기부등본에 내 이름을 올리고 보겠다는 일념으로 부동산을 찾아다녔다.

그런데 진짜 갭 투기꾼은 따로 있었다. 청약 가점제가 굳어진 상황에서 어설픈 집을 사는 순간 청약 로또의 꿈은 영영 물 건너 갈 판이었으니, 입주한 지 아주 오래됐지만 재건축의 희망이 없거나 아파트가 아닌 집들, 그러니까 빌라나 다세대 주택의 경우 사람들이 집값의 90%를 주더라도 전세를 살고 싶어 했다. 이러한 상황을 파고들어 집을 100채, 200채 이상 늘렸다는 사람들이 나오기 시작했다. 그런데 한 집에 고작 500만 원, 1,000만 원 투자해 집 수를 늘리는 경우가 많아지면서 한번 자금이 꼬이면 연쇄적으로 문제가 생기는 일도 속출했다.

그러나 주택 시장을 이끄는 수요자들은 그곳에 관심을 두지 않았다. 그저 어떻게 하면 서울 시내에서 조금이라도 더 좋은 집을 차지할지만 거듭해서 고민했을 뿐이다. 청약 가점과 가용 현금을 기준으로 줄을 세워 기회를 부여받는 상황에서 둘 중 아무것도 갖추지 못한 사람들에게 서울 아파트에 대한 갭 투자란 그래도 새치기를 해 볼 수 있는 마지막 기회로 여겨졌다.

세금을 올리면
집을 팔아야 하는데

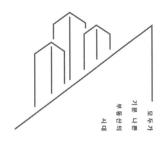

수요 억제를 위한 힘겨루기가 계속됐다. 이번에는 세금이었다. 대출 규제, 양도 소득세 중과에 이어 종합 부동산세 중과가 등장했다.

본래 종합 부동산세란 참여정부 시절 부동산 가격 상승을 억제하려고 도입한 부유세 성격의 세목이다. 실수요자가 보유하는 일정 수준의 주택에는 부과하지 않지만, 다주택자가 주택을 과다하게 소유하거나 부유층이 초고가 주택을 보유한 경우에 세금을 높은 세율로 부과함으로써 주택 시장으로의 과도한 자금 유입을 막는 장치였다.

종합 부동산세는 1주택자 기준으로 공시 가격 9억 원을 면세 점으로 해 시세 15억 원 이상인 주택부터가 부과 대상이었다. 게다가 부부가 공동 명의로 주택을 보유하는 경우 15억 원이 넘는 주택이라도 세금을 피할 수 있어 1주택자로서는 사실 내기 쉽지 않은 세금이었다.

다주택자는 공시 가격 6억 원 이상 주택부터 과세 대상이었는데, 시세로는 10억 원이 넘는 주택이 해당됐다. 부부 공동 명의라면 주택 합산 시세 20억 원이 넘으면 부과됐는데, 2017년 5월의 서울 시내 아파트 중위 가격이 6억 600만 원 수준이었으니 서울에서 보통의 아파트 세 채를 가지고 있어도 종합 부동산세를 낼까 말까 했다.

정말 문제가 되는 것은 강남에 고가 주택을 두 채 이상 가지고 있거나 강남 주택 외에 투자 삼아 다른 집을 여러 채 소유한 경우였다. 하지만 이는 전 국민 중 극소수에 불과해 대부분의 사람들에게 종합 부동산세란 남의 일로 느껴졌다.

실제로 우리나라의 종합 부동산세 납세자는 2005년 첫 도입 당시 3만 6,441명에서 2017년 33만 1,763명으로 거의 10배에 가깝게 늘어났음에도 여전히 5,200만 국민의 1%가 채 되지 않았다. 그래서 종합 부동산세 인상 논의는 '부자 걱정'으로 받아들여지는 경우가 많았으며 국민 정서상 상대적으로 저항이 덜했다. 세금 특성상 1주택, 2주택자까지 영향받는 경우가 드물었고,

다주택자 중에서도 자산 규모가 일정 규모를 넘는 사람들만 대상이었기 때문이다.

2018년 9월 13일 발표된 9.13 대책은 종합 부동산세 인상을 공식화했다. 본래 1주택자와 다주택자 간 세율에 차등이 없던 것을, 다주택자에게는 높은 중과세율을 적용하는 것으로 개편했다. 또 전년도 세액 대비 150%까지만 올릴 수 있는 세 부담 상한선도 다주택자에 대해서는 300%까지 올렸다. 증가한 세율의 효과를 즉시 반영할 수 있도록 상한선을 풀어 버린 것이다.

그런데 여기에 허점이 한 가지 있었다. 바로 등록 임대 사업자 문제였다. 8.2 대책을 통해 다주택자들에게 임대 주택 등록을 독려하면서 내놓았던 혜택 중 하나가 공시 가격 6억 원 이하(시세 10억 원 이하) 주택을 임대 주택으로 등록하면 종합 부동산세 합산 대상에서 빼 주는 것이었다.

즉, 시세 20억 원짜리 주택에 거주하면서 서울에 여러 채의 집을 소유한 경우에 실거주 주택을 제외한 나머지 주택을 모두 임대 등록하면 종합 부동산 세율이 아무리 올라도 과세 대상에서 영영 제외되었다. 9.13 대책 이후 산 집은 임대 등록을 해도 더 이상 이 혜택을 주지 않는 보완책이 나왔지만, 다주택자의 경우 기존에 가지고 있던 집에 대해서는 종합 부동산세를 내지 않을 빈틈이 남아 있었다.

종부세 대상자 100만의 시대

막상 종합 부동산세의 대상이 될 사람들이 꽤 많이 제외된 가운데 상황은 이상하게 돌아갔다. 세금의 부과 근거인 공시 가격이 빠르게 오르기 시작했기 때문이다.

2017년 대비 2018년의 서울 시내 아파트 중위 가격만 2억 원 넘게 올랐으니 공시 가격이 오르는 것도 당연했다. 문제는 그 속도가 너무 빠르다는 데 있었다. 서울 공동 주택 공시 가격은 2018년 10.1%, 2019년 14.1%, 2020년 14.7%, 2021년 19.9% 올랐다. 2017년을 100이라고 보면 2021년에는 172로 무려 72%가 오른 것이었다.

공시 가격이 오르면 모든 주택 소유자에게 부과되는 재산세가 그만큼 오른다. 그런데 앞서 살펴본 대로 우리나라 주택 소유자의 85.1%는 1주택자, 11.7%가 2주택자이고 3주택 이상 보유자는 3.1%밖에 되지 않았으니 공시 가격 상승에 따르는 보유세 인상은 사실상 유주택 가구 전체에 대한 광역 증세의 성격을 띠었다.

무주택자 입장에서는 집값이 얼마나 올랐는데 재산세 조금 오른다고 앓는 소리를 하냐고 이야기할 수도 있다. 어느 정도 맞는 말이다. 그러나 1년에 더 내는 30~40만 원의 자동차세가 아까워서 3,500cc 차량이 안 팔리고 2,000cc 차량에 수요가 몰리는 것이 엄연한 현실이다. 심지어 세금이 싸다는 이유로 $1,600\,cc$ 터보 차량이 인기몰이를 한다. 어쨌거나 세금이 느는 것은 내는 사람 입장에서 마땅치 않은 일이다.

더 큰 문제는 종합 부동산세에 있었다. 2017년까지만 해도 종합 부동산세 납세자는 33만 1,763명이었는데, 이 중 1주택자는 불과 8만 명 수준이었다. 그런데 2020년의 종합 부동산세 납부 대상자는 이미 그 두 배인 66만 명을 넘어섰고, 2021년에는 100만 명에 육박하리라 예상된다.

공시 가격이 빠르게 오르면서 면세점을 넘는 사람들이 늘어나자 1주택자 가운데 종합 부동산세 대상자도 덩달아 늘기 시작해 2018년 12만 명, 2019년 19만 명, 2020년에는 29만 명에 도달했다. 불과 3년 만에 네 배에 가깝게 늘어난 것이다. 이는 2020년 전체 종합 부동산세 납부자(66만 7,000명)의 43%에 달한다.

그럼에도 공시 가격 현실화에 대한 정부의 입장은 일관됐다. 시세의 60~70% 선에 불과한 공시 가격을 시세의 90% 수준으로 맞추고 이에 근거해 과세하겠다는 것이었다.

그런데 최근 4년간 서울 시내 공동 주택 공시 가격이 72%나 올랐음에도 여전히 시세 대비 공시 가격 현실화율은 여전히 70%에 머물러 있다. 왜냐하면 그만큼 시세가 다시 가파르게 올랐기 때문에 공시 가격이 올라도 여전히 시세 대비 공시 가격은 오르지 않는 것이다. 공시 가격이 오르는 것은 시세의 상승을 따

나가는 것이기 때문에 실제의 현실화를 위해서는 더 가파른 상 승이 필요하다는 의미다.

상황이 이렇다 보니 전체 유주택 가구에 대한 재산세 증세는 더욱 자명해 보인다. 4년 전 시세 6억 원, 공시 가격 4억 원 하던 아파트가 이제 시세 10억 원에 공시 가격 7억 원이 됐는데 몇 년 뒤에는 시세가 그대로라도 공시 가격이 9억 원까지 현실화될 예 정이니 현재보다 재산세가 30% 오를 것이라는 의미이기 때문 이다. 만약 시세까지 상승한다면 재산세 인상 폭도 커질 것이다. 정부는 재산세가 막대하게 인상되는 만큼 안정적인 세수를 추가 로 확보할 수 있을 것이다.

2배 오른 서울 집값, 3배 더 걷힌 세금

과거에 고가 주택의 기준으로 손색없던 공시 가격 9억 원(시세 15억 원) 선은 이제 고가라고 부르기에는 다소 애매한 수준이 됐 다. 이미 서울 시내 아파트 중위 가격은 시세 9억 원을 넘었으 며, 30억 원 언저리의 정말 비싼 아파트나 돼야 고가 주택이라는 생각이 드는 것이 현실이기 때문이다.

그런데 이 기준은 그대로인 채 공시 가격만 오른다면 서울 시 내에서 종합 부동산세 대상인 1주택자는 더 늘어날 수밖에 없다. 현재의 증가 추세를 감안하면 1주택자 중 종합 부동산세 납부자는 2021년에 50만 명 이상, 2025년에는 거의 100만 명에 근접할 것이다.

그래서 다주택자에 대한 종합 부동산세 중과와 함께 1가구 1주택자의 종합 부동산세 면세점을 공시 가격 12억 원(시세 20억 원)으로 상향하는 개정안도 나왔지만, 아직 집값이나 공시 가격이 많이 오르지 않은 2018년에 때 이르게 엉뚱한 시그널만 주고 말았다. 개정안은 2021년인 지금까지 통과되지 않았는데 국회에서는 다시금 이 '공시 가격 9억 원의 벽'을 바꿀지를 놓고 고민이 이어지고 있다. 올리자니 주택 가격 상승을 완전히 인정하는 것 같고, 그대로 두자니 종합 부동산세 납세 대상자가 너무 많아져 정치적으로 부담되기 때문이다. 여당 부동산특별위원회에서는 아예 상위 2%에 대해서만 종합 부동산세를 매기자는 논의까지 나오는 마당이다. 여기에 더해 1가구 1주택자에 대한 양도세 면세점을 9억 원에서 12억 원으로 올리자는 이야기도 나오고 있다.

그런데 여기에서 한 가지 사실을 짚고 싶다. 집값을 잡겠다고 수요를 억제하는 수단으로 공시 가격을 올리고 재산세와 종합 부동산세를 강화했지만 지금 세수가 늘어난 정부 외에는 아무도 행복하지 않다는 것이다.

실거주 실수요자 대부분의 재산세가 오른 것은 1년 가처분 소득이 적게는 몇십만 원에서 많게는 몇백만 원 줄어드는 결과를 낳았을 뿐 주택 시장에는 아무 영향도 주지 못했다.

종합 부동산세가 올랐다고 집을 파는 사람은 거의 없었고, 다 주택자들은 정부가 열어 준 임대 사업자 등록을 통해 빠져나가거나 고가 주택 소유자의 경우 증여를 통해 자녀들에게 재산을 분산하는 방법을 택했다. 해괴한 일이지만 남에게 집을 파는 것보다 자녀에게 증여하는 것이 세금 관점에서 더 유리했기 때문이다. 그도 아니면 그저 버티기에 들어간 것이 현재의 상황이다.

2017년 정부가 부과한 주택 보유세는 총 4조 4,458억 원이었는데, 2021년에는 12조 352억 원에 달할 것으로 예상된다. 2017년 3,878억 원에 불과하던 종합 부동산세 주택분은 2021년 6조 원을 넘어설 것이며, 4조 원 수준이던 재산세 주택분도 6조 원에 근접할 것이다.

서울 집값이 4년 사이 두 배로 올라서 난리라고 했는데, 세금은 세 배에 가깝게 걷게 된 것이다.

모두가
기분 나쁜 계절

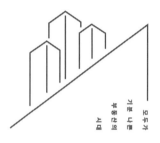

집값이 계속 빠르게 오르고, 여러 규제가 쏟아지면서 언제부터
인가 신경 쓰고 싶지 않아도 부동산을 생각하지 않을 수 없는 상
황이 됐다.

어느 자리에 가도 부동산 이야기뿐이었으며, 어디가 얼마 올
랐고 누가 얼마를 벌었다는 주제가 계속 들려왔다. 직장 생활을
하고 사람을 만나는 이상 이것은 피하고 싶다고 피할 수 있는 일
이 아니었고, 모르는 척한다고 덮어지는 문제도 아니었다. 어쨌
거나 현실의 돈 문제, 주거 문제였기 때문에 서울권에서 일하는
이상 어떻게든 모두가 한 발을 걸치고 있는 이슈였다.

그러나 이러한 분위기에서 모두의 기분은 나날이 나빠져만 갈 뿐 누구 하나 행복한 이를 찾기는 어려웠다. 다음과 같은 이유에서였다.

먼저 주택 보유 측면에서 가장 기분 나쁠 사람은 무주택자였다. 예전에는 조금만 손을 뻗으면 닿을 수 있던 평범하고 비근한 집들이 이제는 1~2억 원씩 오른 것은 예사고, 3~4억 원 뛴 곳도 있어서 잡을 수 없게 됐다. 이것은 노동에 대한 배신이었다. 언제부터 그 집이 그렇게 좋은 곳이었냐고, 말도 안 되는 가격이라고 이야기해 보지만 막상 부동산에 가면 현실은 냉정했다. 매물은 씨가 말랐고 가격은 기세등등함을 넘어 황당할 정도로 느껴졌다. 턱없이 오른 가격에 고민 고민하다가 간신히 큰맘 먹고 계약금을 넣겠다고 하면 안 판다고 한다. 그러나 조금만 더 기다려 보자는 생각은 매번 실망으로 돌아왔을 뿐 딱히 상황이 나아질 것 같지 않아 보였다. 그러니 기분이 좋았을 리는 애초에 만무하다.

1주택자라고 사정이 달랐을까? 일단 집값이 올랐다니 잠깐 기분이 좋을 뻔했으나 막상 내 집이 오르는 속도보다 가고 싶은 집이 달아나는 속도가 두 배는 빠른 것 같았다. '그러게 그때 20평대 사지 말고 무리해서 30평대로 갈 걸' 혹은 '그때 그냥 1억 원 더 주고 신축으로 갔다면 지금쯤 얼마가 더 올랐을 텐데' 하는 후회가 계속 들었다.

게다가 부동산에서는 집을 잘 팔아 줄 테니 내놓으라고 하는데 막상 이사를 갈 집을 잡을 방법이 없었다. 안전하게 거래하려면 먼저 집을 팔고 다음 집을 계약해야 하는데, 며칠 만에도 계속 호가가 뛰는 상황이라 찰나의 실수로 타이밍이 꼬이면 아차 하는 사이에 사려고 하는 집에 몇천만 원을 더 줘야 하거나 아예 이사 갈 곳이 사라져 난감할 수 있었다.

그렇다면 다주택자들은 기분이 좋아야 했는데 이 부분이 또 미묘했다. 왜냐하면 양도 소득세가 중과되고 세금이 양도 차익의 50%를 넘어서자 계산이 예상과 달라졌기 때문이다. 가령 집값이 3억 원이 오른다면 세금 30%쯤 내고 2억 원은 남을 것이라고 생각했는데, 이제는 세율이 거의 60%에 근접해 가니 남는 돈이 1억 원 남짓에 불과했던 것이다.

오르기는 올랐지만 어차피 팔 수 없고, 적당한 때에 팔고 수익을 실현하고 싶은데 방법이 없으니 그저 시간이 지나면 어떻게든 되겠지 하고 계속 관망할 뿐이었다. 다만 국가적 대역 죄인으로 지목된지라 기분 나쁘다는 말은 못 하고 그저 잠자코 세금을 내며 눈치만 살피는 것이다.

잠겨 있는 매물이라도 풀리게 양도 소득세를 일시 감면하자는 주장도 나왔지만 이 역시 기분 나쁜 시나리오였다. 일단 다주택자를 제외한 모든 사람의 기분이 나빠질 수밖에 없었다. 게다가 다주택자들은 아마 양도 차익이 많은 물건부터 순서대로 팔아 세금 문제를 해소하려 할 테고, 집 판 돈으로 다시 더 비싼 집을 살 것이 명백했다. 이러한 사정을 뻔히 아는 국세청으로서는 도저히 용인할 수 없는 수였다.

누구도 만족하지 못하는 이유

────

정부도 기분이 좋지 않았다. 부동산 대책을 계속 내놓았는데 야속하게 가격이 뛰었기 때문이다. 게다가 당·정·청의 생각은 각자 달랐고, 기껏 고심 끝에 정부가 대책을 만들면 국회에서 엉뚱한 이야기로 분위기를 흐리는 일이 반복됐다. 맥 빠지는 일이 아닐 수 없었다. 그런데 실제로는 장관과 부처 내부에도 어느 정도 입장 차이가 있었으니, 이 껄끄러운 상황을 어떻게 해야 할지 실마리조차 찾기 어려웠다.

심지어 부동산 공인 중개사들도 기분이 나빴다. 가격이 단기간에 너무 빨리 오르니 매수자들이 의사 결정을 망설였고, 거꾸로 매도자들의 눈높이는 나날이 올라 호가만 올리는 일이 반복됐다. 그러다 보니 거래가 좀처럼 성사되지 않아 영업이 어려웠다. 어디까지나 서로의 눈높이와 기대치가 어느 정도 맞아야 부동산 거래가 이루어질 수 있으니 말이다. 게다가 대출 규제가 강화돼 집 사려는 사람들의 자금 여력은 축소되고, 다주택자의 양도 소득세 부담은 커져 집 파는 사람의 매도 의사가 줄었다. 거기에 분양권 전매까지 못 하게 되자 참다못한 공인 중개사 협회는 세종시 국토교통부 청사 앞에서 시위까지 벌였다.

지역 간에도 기분이 상했다. 앞서 언급했다시피 마포 신축 아파트 가격이 너무 오르니 잠실 집값이 자극을 받고 이것이 강남 집값을 다시 올리고 거꾸로 다시 뉴타운 집값의 눈높이를 맞추는 일이 계속 일어났다. 이전에는 비슷비슷한 동네끼리 서로 잘났다며 인터넷에서 훌리건처럼 싸우는 일이 종종 있었다면, 이제 그런 절차를 생략하고 가격의 족보와 수직 질서를 상기하며 서로 상대의 가격에서 정당성을 찾으며 자존심 싸움을 하는 것이 일반화됐다. 그런데 이 과정은 이때까지만 해도 서울에 국한된 현상에 가까워서 경기도의 경우 극히 일부 지역을 제외하고는 집값이 그렇게 오르는 지역을 찾기 어려웠다.

게다가 전국 단위로 눈을 넓히면 그러한 기분 나쁨이 더욱 심해졌는데 추석 명절을 맞아 아들, 손자, 며느리가 다 모여 부동산 이야기를 하다 보면 지방에 사는 입장에서는 도대체 무슨 일인가 하는 생각이 들지 않을 수 없었다. 서울 공화국의 집값이 10억 원, 15억 원씩 한다는 이야기는 이해조차 되지 않았으며, 기분 나빠서 한마디 하면 온 가족의 기분이 다 같이 나빠졌다.

절박함을 이해하지 못한 정책의 결과

집 살 자격을 놓고도 기분 나쁜 일들이 늘어 갔다. 청약 가점제가 확대돼 이제 웬만한 점수로는 서울 시내에서 아파트 한 채 당첨되기 어려운 무주택 10년 차 이하의 사람들은 신축 아파트에 대한 희망을 접어야 했다. 그런데 정부가 다시 추첨제 물량을 늘리고, 신혼부부에게 특별 공급 기회를 주고, 임대 주택 물량을 확대한다고 하면 어떨까?

다시 가점 높은 사람들이 기분 나빠지는 것이다. 무주택과 청약 통장 가입 기간을 오래 유지했고 부양가족 수가 많아 기회를 고를 수 있었던 사람들 입장에서는 이제 돈 좀 모아서 분양 한번 받아 보려는데 왜 새치기를 당해야 하느냐는 생각이 들지 않을 수 없었다.

그런데 이제는 부부 합산 연소득 1억 원이 넘는 '고소득자'에게는 전세 자금 대출에 대한 공적 보증을 제한하겠다는 이야기까지 들려왔다. 안 그래도 하려는 것마다 번번이 길이 막혀 기분 나쁜데 내가 고소득자에 투기 수요라는 것인가?

도시 근로와 자녀 양육 책임이 있어 직장과 근접한 아파트를 구해야 하는 사람의 절박감을 이해하지 못하는 정책의 근시안성은 모든 이들을 기분 나쁘게 하는 촉매재로 작용하고 있었다.

3

10억 원 아파트
시대가 펼쳐지다

뉴타운이 쏘아 올린
작은 공

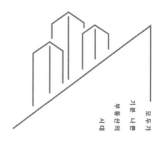

100만 달러, 우리 돈으로 대략 10억 원.

말이 쉬워서 그렇지 엄청나게 큰돈이다. 1년에 1억 원 넘게 버는 가구가 연 5,000만 원씩 저축해서 모으려면 20년이 걸리니 말이다.

하지만 서울 시내 집값은 이제 10억 원을 이야기해도 딱히 놀랍거나 이상하지 않은 상황이다. 웬만큼 들어 본 동네의 집값은 기본이 9억 원대에 도열해 있고, 강남까지 가지 않아도 새집이면 12억 원 이상, 조금 힘줬다 싶으면 15억 원에 닿아 있기 때문이다. 잠실 아파트는 20억 원이 넘었고, 강남권 아파트가 30억 원이라는 것도 받아들여야 하는 일이 됐다.

도대체 무슨 일이 있어났기에 서울 시내 아파트 가격이 평생 벌어도 모으지 못할 숫자가 됐단 말인가? 저 돈을 정말 다 모아서 주고 산 사람이 존재하기는 할까?

사실 이제 와서 돌아보면 왜 그때 저 집을 사지 않았을까 싶겠지만, 4년 전으로 시계를 돌려 보면 상황은 많이 달랐다. 《돈이 없을수록 서울의 아파트를 사라》를 집필할 당시 서울에는 4~5억 원 하는 아파트가 즐비했다. 그 집들은 마음먹고 서울 구석구석을 뒤져야 나오는 별난 집이 아니라 누구나 들어 본 동네의 중심에 있는 큰 단지, 반듯한 아파트들이었다.

새집은 당시에도 비싸게 느껴졌다. 마포나 왕십리, 신길 같은 뉴타운의 새 아파트라면 7억 원도 넘게 줘야 20평대를 살 수 있었으니 말이다. 길음 뉴타운의 30평대 아파트가 시세 6억 원의 벽에 가로막혀 5억 원 후반대에 거래되고 있었으니 상대적으로 얼마나 비쌌는지 미루어 짐작할 수 있을 것이다.

그런데 새집은 당시에만 해도 치명적인 약점이 있었다. 바로 주변 환경이었다. 지어진 지 얼마 되지 않았으니 동네가 미처 자리 잡지 못했고, 담장 안은 신축 아파트지만 담장 너머에는 어수선한 분위기가 공존했다. 학군은커녕 상가도 제대로 형성되지 않아서 '저런 동네에 저 돈을 주고 굳이 살아야 할까' 하는 물음이 따라붙었다.

하물며 지어 놓은 새집도 이런 상황이었으니 새로 분양하는 뉴타운 아파트들은 더 많은 상상력을 필요로 했다. 지금은 다세대 주택들이 다닥다닥 들어선 언덕이지만 여기에 아파트가 지어지면 어떤 모습이 될까? 건설사들은 그 해답을 마포에서 찾았던 것 같다. 공덕역 사거리는 인기 있는 모델 하우스 부지가 됐고, 사람들은 새로워진 마포의 언덕을 보며 분양 예정지의 미래 모습을 상상했다.

신축 아파트가 들어서고 시간이 흐르자 주변 환경은 자연스럽게 나아졌다. 구매력 있는 대단지 아파트가 생기니 각종 가게가 들어찼고 특히 학원가가 형성되기 시작했다. 비록 바로 8학군을 따라잡을 수는 없지만, 도보로 다닐 수 있는 거리에 유명 대형 학원들의 분점이 생겨나면서 당장의 대안이 됐다. 애초부터 교통 인프라가 좋은 곳이었으니 출퇴근 여건은 말할 것도 없고, 단지 내에 있는 실내 골프장까지 이용할 수 있는 데다 산뜻한 새집이 주는 만족감이 더해지니 구축 아파트와의 가격 차이도 어느새 납득할 수 있게 됐다.

그런데 청약이 가점제가 돼 40대 중반이 되기 전에는 당첨을 꿈도 꾸지 못하게 되고, 새로 짓는 집의 수도 한정돼 희소성이 커지니 새집에 대한 사람들의 열망도 더 커져 갔다. 게다가 강남 집값이 오르면서 뚜껑이 열리고, 잠실과 마포래미안푸르지오가 주거니 받거니 하면서 시세의 기준선을 높여 가니 뉴타운 단지들도 같은 눈높이에서 가격표를 바꿔 달며 따라갔다.

집은 집을 팔아서 사는 것이다

13억 원 하던 잠실 집값이 20억 원을 넘었는데 과연 그 집은 누가 샀을까? 그 정도의 현금을 감당할 수 있는 사람이 얼마나 되는 걸까?

이렇게 생각해 보자. 몇 년 전 마포래미안푸르지오마저 사람들의 시선을 사로잡지 못하던 시절, 대출 3억 원을 받아 8억 원 언저리에 마포래미안푸르지오 84m^2에 입주한 부부가 있었다. 한 달에 100만 원이 훌쩍 넘는 대출 원리금을 갚는 것은 분명 내키지 않는 일이었지만 그래도 새집에 살면서 여의도, 광화문에 있는 직장에 다니며 맞벌이 생활을 하기에 좋은 위치라고 판단한 결과였다.

그런데 5~6년 살다 보니 처음에는 까마득했던 3억 원의 대출 원금을 어느덧 거의 대부분 상환했고, 가만히 둘러보니 집값으로 18억 원을 이야기한다고 한다. 불과 몇 년 전 4억 원 남짓이던 순자산이 세 배 이상 불어난 것이다.

이제 이 부부는 어떤 선택을 하게 될까? 아이들도 점점 커서 중학생이 되고, 좀 더 학군이 좋은 지역으로 이사 가고 싶은데

다시 담보 대출을 얼마간 받는다면 20억 원 하는 동네로 점프하는 것도 큰 무리는 아니게 되었다.

그러면 이 마포래미안푸르지오를 살 수 있는 사람은 누구일까? 다시 또 그보다 한 단계 낮은 가격 수준의 새집을 샀던 사람이다. 마찬가지로 5년 전 답십리 뉴타운의 84㎡형 새 아파트가 6억 원 선에 걸려 있었다. 같은 집이 지금은 14억 원을 넘었으니 비록 마포래미안푸르지오와의 가격 격차도 2억 원에서 4억 원으로 벌어졌지만 어쨌거나 내 집값도 많이 올라 유감은 없고 그 사이 모은 돈까지 보태면 더 비싼 동네로 옮겨 볼 생각을 할 수 있는 것이다.

길음 뉴타운에 집을 산 경우도 딱히 다르지 않다. 2017년 5월 6억 원에 살짝 못 미치던 길음 뉴타운 8단지 84㎡는 2021년 5월 시세 12억 원에 다가서 있다. 이 집을 팔고 15억 원짜리 집으로 이사한다는 결정은 그리 무겁지 않다. 동네를 바꿔 이사하기 어렵다면 같은 지역의 새집으로 옮기고 싶은 욕심이 드는데, 그 수요가 모여 래미안길음센터피스의 가격을 지지한다. 래미안길음센터피스 59㎡는 12억 원 내외, 84㎡는 15억 원 이상의 시세를 보이는데, 쉽게 말해 길음 뉴타운 8단지 32평과 래미안길음센터피스 25평은 같은 가격이고, 32평은 몇 억 더 보태야 살 수 있다.

집은 집을 팔아서 사는 것이고, 100만 달러짜리 집의 비밀은 집들 간의 가격 차이에 숨어 있다. 사람의 마음은 한가지라 누구나 새집을 갖고 싶어 하고 좀 더 쾌적한 환경에서 거주하고 싶어 한다. 그런데 그런 집을 얻을 기회가 점점 사라지니 가격이 뛸 수밖에 없고, 가장 비싼 집값이 오르고 그다음 비싼 집값도 따라가니 덜 비싸던 집값도 덩달아 불이 붙는다. 이러한 분위기에서 집값이 집값을 형성하고, 각자의 가격 정당성을 확보하는 일이 반복된다.

그러나 달라지는 것은 없다. 내 집값이 100만 달러가 되든 200만 달러가 되든 집을 팔아서 그 돈으로 비싼 차를 살 사람도, 월세를 살 사람도 없기 때문이다. 내가 지금 누리는 생활환경은 당연하게 느껴지고, 당연히 이보다 더 좋은 곳에 가고 싶지 수준을 낮추고자 하는 사람은 극히 드물다. 다 팔고 외국으로 이민을 가지 않는 이상 장부상 숫자만 달라졌을 뿐 변하는 것은 없는 것이다.

흐려지는 실수요와 투기 수요와 경계

2019년 12월 16일 발표된 12.16 대책은 다시 한번 이 지점을 겨냥했다. 집 팔아서 집을 사는 수요는 상대적으로 실수요에 가까워 갈아타기의 목적이 가장 크지만, 12.16 대책은 이 가구들에 대한 담보 대출까지 제한했다. 투기 지역 및 투기 과열 지구에서 집값의 40%까지 가능했던 담보 대출을 이제 9억 원까지는 40%, 9억 원 초과 구간은 20%로 비율에 차등을 두었다. 가령 12억 원짜리 집을 담보로 대출받는 경우 9억 원×40%+3억 원×20%=4억 2,000만 원이 최대한도가 됐다.

주택 가격이 15억 원을 넘으면 아예 담보 대출을 못 받게 하는 초강수도 나왔다. 그러니까 14억 9,000만 원짜리 집을 살 때는 9억 원×40%+5억 9,000만 원×20%=4억 8,000만 원을 대출받을 수 있지만, 15억 원을 넘어가는 순간 대출 한도가 0이 되는 것이었다.

당연히 무언가 이상해 보이는 제도였으나 목적은 명확했다. 서울에 집 사서 수억 원 오른 사람들이 더 비싼 아파트로 눈을 돌리니 이제 15억 원 이상 아파트는 정말 현금을 가진 사람이 아니고는 사지 말라고 경계선을 친 것이다. 공시 가격 9억 원(시세 15억 원)의 벽이 무력화된 데 대한 또 한 번의 대응책이었다.

어차피 20억 원, 30억 원 하는 집을 사는 사람들은 담보 대출 의존도가 그리 높지 않다. 30억 원 하는 집을 사면서 12억 원을 대출받는 경우는 그리 많지 않은 것이다. 하지만 15억 원 언저리에 있던 집들의 실거래는 순간적으로 얼어붙었다. 규제는 12월 18일 이후 신규 구매한 주택부터 적용되었지만, 전세를 끼고 사두었다가 전세 계약이 만료되는 시점에 담보 대출을 받아 입주하려던 사람들은 혼란에 빠졌다. 대출을 받지 못해 강제로 장기 갭 투자를 해야 하는 상황이 됐기 때문이다.

실수요와 투기 수요의 경계는 갈수록 흐려지고 판단하기 어려워졌다. 그러나 내 집을 갖고 조금씩 더 나은 집에 살고자 애쓰는 사람들의 마음을 모두 투기 수요라고 단정하는 것은 상당히 무리한 일이었다.

"돈이 없을수록 서울의 아파트를 사라"라고 이야기할 때도 그런 마음이었다. 어차피 서울에서 직장을 다니며 장기적인 거주 환경을 갖추려면 집이 있어야 한다. 당장 가진 자본 규모에는 차이가 있으니 첫술에 배부르기는 어렵지만 그래도 내 여력 범위 내에서 닿을 수 있는 집을 갖고 거기부터 조금씩 돈을 모아 물길을 거슬러 올라가면 점차 생활을 나아지게 만들 수 있다. 그리고 평범한 보통 사람들에게도 2017년 당시에는 집값이 사정권에 있었고 전세 가격과 별 차이도 없어서 이럴 바에 집 산다는 결정도 가능했다. 이제 곧 집값이 떨어질 테니 굳이 사지 않아도 된다고 생각하는 마음이 어쩌면 더 투기적이었고, 대출을 받아 이자 부담을 지더라도 내 집을 갖겠다고 마음먹는 것이야말로 장기간의 인내를 요하는 의사 결정이었다.

그때 그렇게 결정한 사람들은 100만 달러 집값 시대의 중력에 적응할 수 있는 우주복을 입게 되었다. 하지만 그때 다른 결정을 했거나 이제 막 집 문제를 고민하는 사람들에게는 까마득한 진입 장벽이 펼쳐졌다. 대안이 필요한 시기가 됐다.

2019년 12.16 대책 주요 내용

1. 투기 지역·투기 과열 지구 대출 규제 강화

- 9억 원 초과 주택 LTV 축소

기존	변경	
	주택 가격 구간	대상
주택 가격 구간 없이 LTV 40% 적용	[구간 ①] 9억 원 이하분	LTV 40% 적용
	[구간 ②] 9억 원 초과분	LTV 20% 적용

- 15억 원 초과 주택의 주택 구입용 주택 담보 대출 전면 금지
  (전체 구간 LTV 0%)
- 9억 원 초과 주택 차주 단위 DSR 적용
- 1주택자 담보 대출시 기존 주택 처분 및 전입 조건 강화
  (2년 내 → 1년 내)
- 무주택자 9억 원 초과 주택 구입 시 1년 내 전입 의무 부여

2. 전세 대출 규제 강화

- 9억 원 이상 주택 보유 가구 전세 대출 보증 전면 제한
  (공적 보증 및 서울 보증 보험 포함)
- 전세 대출 후 9억 원 초과 주택 매입·2주택 이상 보유 시 전세 대출 회수

3. 공시 가격 현실화

- 2020년부터 시세 변동률을 공시 가격에 모두 반영
- 고가 주택 현실화율 제고
  (시세 9~15억 원 70%, 15~30억 원 75%, 30억 원 이상 80% 수준 반영)

4. 종합 부동산세율 추가 인상

과표(대상)	일반			3주택 이상+ 조정 대상 지역 2주택		
	현행	개정		현행	개정	
3억 원 이하 (1주택 17.6억 원 이하 다주택 13.3억 원 이하)	0.5%	0.6%	+0.1%p	0.6%	0.8%	+0.2%p
3~6억 원 (1주택 17.6~22.4억 원 다주택 13.3~18.1억 원)	0.7%	0.8%	+0.1%p	0.9%	1.2%	+0.3%p
6~12억 원 (1주택 22.4~31.9억 원 다주택 18.1~27.6억 원)	1.0%	1.2%	+0.2%p	1.3%	1.6%	+0.3%p
12~50억 원 (1주택 31.9~92.2억 원 다주택 27.6~87.9억 원)	1.4%	1.6%	+0.2%p	1.8%	2.0%	+0.2%p
50~94억 원 (1주택 92.2~162.1억 원 다주택 87.9~157.8억 원)	2.0%	2.2%	+0.2%p	2.5%	3.0%	+0.5%p
94억 원 초과 (1주택 162.1억 원 초과 다주택 157.8억 원 초과)	2.7%	3.0%	+0.3%p	3.2%	4.0%	+0.8%p

- 조정 대상 지역 2주택자 세 부담 상한 인상(200% → 300%)
- 1주택 보유 고령자 종합 부동산세 세액 공제율 10%p 인상

5. 양도 소득세 규정 강화

- 1세대 1주택 장기 보유 특별 공제 시 거주 기간 적용 강화
  (2021년 1월 1일 이후 양도분 적용)

보유 기간		3~4년	4~5년	5~6년	6~7년	7~8년	8~9년	9~10년	10년 이상
1주택	합계	24%	32%	40%	48%	56%	64%	72%	80%
	보유	12%	16%	20%	24%	28%	32%	36%	40%
	거주	12%	16%	20%	24%	28%	32%	36%	40%
다주택		6%	8%	10%	12%	14%	16%	18%	20~30%

- 조정 대상 지역 일시적 2주택자 전입 요건 추가 및 중복 보유 기간 단축(대책 이후 취득분부터)
- 조정 대상 지역 다주택자 양도 소득세 중과 시 주택 수에 분양권 포함
- 2년 미만 보유 주택 양도 소득세 인상

구분		주택 외 부동산	주택·조합원 입주권	
			현행	개선
보유 기간	1년 미만	50%	40%	50%
	2년 미만	40%	기본 세율	40%
	2년 이상	기본 세율	기본 세율	기본 세율

- 다주택자가 조정 대상 지역 내 10년 이상 보유 주택 양도 시 2020년 6월 말까지 한시 중과 배제

6. 기타

- 분양가 상한제 적용 지역 확대
- 고가 주택 자금 출처 전수 분석, 거래 불법 행위 단속 강화
- 자금 조달 계획서 제출 대상 조정 대상 지역(3억 원 이상),
  비규제 지역(6억 원 이상) 확대, 증빙 자료 제출 의무화
- 투기 과열 지구, 대규모 신도시 청약 시 당해 지역 거주 요건 강화
  (1년 이상 → 2년 이상)
- 청약 재당첨 제한 강화
  (분양가 상한제·투기 과열 지구 10년, 조정 대상 지역 7년)
- 공급 질서 교란 행위, 불법 전매 적발 시 10년간 청약 금지

서울에서 수도권으로
향하는 시선

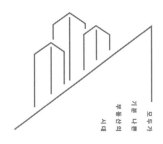

모두가
기를 쓰는
부동산의
시대

서울 집값이 너무 빠르게 오르니 사람들의 시선이 수도권으로
향했다. 7~8억 원이 기본이 된 서울 시내와 달리 경기도권 신도
시에는 4~5억 원대에도 고를 수 있는 준신축 아파트들이 제법
있었기 때문이다.

하지만 여기에는 어느 정도 심리 장벽이 있었다. 가장 큰 문
제는 결국 출퇴근이었다. 집에서 버스를 타고 전철역까지 가 30
분~1시간 가까이 전철을 타고 시내 직장까지 가는 것과 전세로
라도 서울에 사는 것은 상당히 달랐기 때문이다. 게다가 연고가
없는 신도시로 생활의 풍경을 바꾸는 결정도 많은 사람에게는

꽤 큰 모험으로 느껴졌다.

이즈음부터 주변 사람들과 부동산 문제를 이야기하기가 무척 조심스러워졌다. 결국 사람들의 관심은 서울 시내이면서 지하철 이용이 편리한 12억 원 언저리의 신축 아파트에 닿아 있었다. 하지만 현실에서 그 정도 자금이 가용한 사람은 극소수에 불과했다. 7~8억 원 하는 서울 시내 낡은 아파트를 대출까지 잔뜩 받아 가며 사고 싶은 마음이 들지 않는다 해도 경기도로 이사 가는 것을 고려하자니 왠지 모르게 마음 한 구석이 섭섭해졌기 때문이다.

그러나 사람들은 빠르게 움직이기 시작했다. 2019년 하반기부터 흐름이 바뀌기 시작했는데 일단 주소는 경기도지만 서울 시내로의 접근성이 좋은 역세권 중심으로 사람들의 관심이 집중됐다.

그런데 이상한 일이 벌어지기 시작했다. 집값이 급등하는 지역을 투기 과열 지구와 조정 대상 지역으로 추가 지정해서 투기 수요를 잡겠다는 규제책이 나오면서 한 동네씩 규제가 강화됐는데, 그때마다 아직 지정되지 않은 옆 동네로 수요가 쏠리는 풍선 효과가 나타난 것이다.

가령 서울 전 지역과 과천은 2017년의 8.2 대책에 의해 투기 과열 지구가 됐는데, 그중에서도 강남, 서초, 송파, 강동, 용산, 성동, 노원, 마포, 양천, 영등포, 강서는 투기 지역으로 지정돼 더 강력한 규제가 예고됐다. 그런데 이 투기 지역이라는 꼬리표를 달면 결국 집값이 빠르게 오른다고 정부에게 인정받은 곳이라는 인상을 주면서 오히려 사람들이 한 번씩 더 쳐다보게 만들었다. 그럼에도 투기 지역이 투기 과열 지구보다 실제로 더 받는 규제는 주택 담보 대출 건수가 차주(개인)당 1건에서 세대(가족)당 1건으로 제한되는 정도에 그쳤다.

아직 살 수 있는 지역이 남아 있을까?

서울 집값이 오를 데까지 오르고 투기 과열 지구 지정으로 대출 규제 등이 심화되니 아직 규제로 묶이지 않은 곳으로 시선이 옮겨 갔는데 2017년 9월 성남시 분당구, 2018년 8월 경기도 광명시와 하남시가 추가로 투기 과열 지구 대열에 합류했다. 이제 이 지역에서 집을 사려면 자금 조달 계획서와 증빙 서류를 제출해야 했다.

그런데 하남시의 경우 강동구의 대규모 입주 물량에도 불구하고 수도권 제1순환고속도로(구 외곽순환고속도로)를 사이에 두고 시세에 차이가 있었는데, 2019년부터 이를 따라잡으며 가격이 거세게 상승했다. 투기 과열 지구 지정 이후 잠시 주춤하는 듯했으나 오히려 집값 많이 오르는 지역으로 각인돼 더 가파른 상승세를 보인 것이다.

규제 지역 지정 현황

	투기 과열 지구(49개)	조정 대상 지역(111개)
서울	전 지역(2017.8.3)	전 지역(2016.11.3)
경기	과천(2017.8.3), 성남 분당(2017.9.6), 광명, 하남(2018.8.28), 수원, 성남 수정, 안양, 안산 단원, 구리, 군포, 의왕, 용인 수지·기흥, 동탄2(2020.6.19)	과천, 성남, 하남, 동탄2(2016.11.3), 광명(2017.6.19), 구리, 안양 동안, 광교 지구(2018.8.28), 수원 팔달, 용인 수지·기흥(2018.12.31), 수원 영통·권선·장안, 안양 만안, 의왕(2020.2.21), 고양, 남양주, 화성, 군포, 부천, 안산, 시흥, 용인 처인, 오산, 안성, 평택, 광주, 양주, 의정부(2020.6.19), 김포(2020.11.20), 파주(2020.12.18)
인천	연수, 남동, 서(2020.6.19)	중, 동, 미추홀, 연수, 남동, 부평, 계양, 서(2020.06.19)
부산	-	해운대, 수영, 동래, 남, 연제(2020.11.20), 서구, 동구, 연도구, 부산진구, 금정구, 북구, 강서구, 사상구, 사하구(2020.12.18)
대구	수성(2017.9.6)	수성(2020.11.20), 중구, 동구, 서구, 남구, 북구, 달서구, 달성군(2020.12.18)
광주	-	동구, 서구, 남구, 북구, 광산구(2020.12.18)
대전	동, 중, 서, 유성(2020.6.19)	동, 중, 서, 유성, 대덕(2020.6.19)
울산	-	중구, 남구(2020.12.18)
세종	세종(2017.8.3)	세종(2016.11.3)
충북	-	청주(2020.6.19)
충남	-	천안 동남, 서북, 논산, 공주(2020.12.18)
전북	-	전주 완산·덕진(2020.12.18)
전남	-	여수, 순천, 광양(2020.12.18)
경북	-	포항 남, 경산(2020.12.18)
경남	창원 의창(2020.12.18)	창원 성산(2020.12.18)

(2020년 12월 18일 기준)

같은 시기 구리, 안양 동안, 광교가 조정 대상 지역으로 편입되면서 청약 가점제가 확대 적용되고 다주택자 가산세율(2주택자+10%p, 3주택자+20%p)이 적용되는 등 규제가 강해졌는데, 그러자 사람들은 또 그 옆 동네를 찾아 헤매기 시작했다. 불과 4개월 만인 2018년 12월 광교 바로 옆 동네인 수원 팔달과 용인 수지, 기흥이 조정 대상 지역에 편입된 데 이어, 1년여 후인 2020년 2월에는 수원 전 지역과 안양 만안, 의왕까지 추가되면서 사실상 그 일대가 모두 조정 대상 지역이 됐다. 그리고 그로부터 4개월 후인 2020년 6월에는 수원 전역, 안양 전역, 군포, 의왕, 용인 수지, 기흥, 동탄2, 성남 수정에 더해 구리와 안산 단원까지 아예 투기 과열 지구로 격상됐다.

조정 대상 지역으로 규제했는데 주변으로 상승세가 퍼지고, 범위를 넓혀 다시 조정 대상 지역으로 겨누었는데도 약발이 듣지 않으니 아예 주변 일대를 모두 투기 과열 지구로 선언해야 하는 악순환이 거듭되었다.

2020년 6월 고양시 전역, 남양주, 화성, 군포, 부천, 안산, 시흥, 용인 처인, 오산, 안성, 평택, 광주, 양주, 의정부와 인천 대부분 지역이 조정 대상 지역으로 추가 지정되면서 수도권 전역이 사실상 규제 대상이 됐는데 여기에서도 빠진 빈틈이 있었다. 바로 김포와 파주였다.

투기 과열 지구일수록
사고 싶은 심리

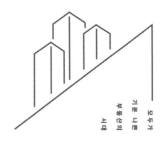

김포와 파주의 집값이 급등하리라고 기대하는 사람은 그동안 많
지 않았다. 서울로의 교통에 약점이 있어 실제로 가격이 안정세를
보이고 있었는데, 다른 지역을 모두 조정 대상 지역으로 만들고
나자 이곳들이 비규제 지역이라는 점이 돋보이는 상황이 됐다. 게
다가 김포에는 골드라인이 개통하고 파주에서는 GTX-A 공사가
한창 이루어지면서 앞으로의 전망을 기대하는 상황이 됐다.

불과 몇 달 사이 집값이 폭등세를 보이며 걷잡을 수 없어지자
결국 김포와 파주도 2020년 말 조정 대상 지역에 이름을 올렸
다. 그제야 미꾸라지 잡듯이 논 한 칸 한 칸을 규제 지역으로 덧

칠해 가던 땜질식 처방도 끝이 났다.

분명히 투기 수요를 잡고 집값을 안정시키려고 두더지 잡듯 단계적 핀셋 규제를 했지만 결과는 그리 좋지 않았다. 애초에 8.2 대책 이후 강남과 마용성(마포, 용산, 성동) 등 일부 지역에 국한됐던 집값 상승세는 서울 전역으로 퍼져 나갔고, 강력한 규제로 서울의 수요를 틀어막자 바로 그다음 대안인 분당, 광명, 하남으로 열기가 퍼졌다. 서울과 가장 근접한 경기도권 1급지를 막으니 또 그 옆으로 수요가 튀었고, 풍선 효과가 번지고 번지면서 결국 모든 곳을 다 규제하니 이제 규제는 기본 전제이고 오히려 다시 서울과 수도권 간에 규제 차이가 별로 없는 상황이 돼버렸다.

사람들의 청개구리 심리는 말릴 수가 없어서 하지 말라고 하면 더 하고 싶고, 투기 과열 지구일수록 그 주변으로 더 몰려들었는데 갖기 어려운 물건일수록 가격이 오르고 귀해진다는 것은 당연한 경제 상식이었다.

게다가 엉뚱한 계기가 하나 더해졌다. 원래 주택 취득세는 시세 6억 원 이하 1%, 6억 원 초과~9억 원 이하 2%, 9억 원 초과 3%(지방 교육세 제외)의 계단식 구조였다. 이 때문에 이 사이에 걸려 있는 아파트, 그러니까 6억 원짜리 아파트는 6억 100만 원이 되는 순간 세금 부담이 수백만 원 늘어나기 때문에 아예 6억 2,000만 원의 시세를 인정받기 전까지는 6억 원의 심리적 장벽에 갇혀 있는 경우가 많았다. 9억 원 부근의 아파트도 마찬가지였다. 8억 9,900만 원에 거래되거나 9억 3,000만 원 이상으로 시세가 뛰어야 취득세율 3%의 벽을 넘을 수 있었다.

그런데 행정안전부에서 이 취득세율을 좀 더 세분하여 취득 가격에 따라 점진적으로 올리는 사선형 구조로 개편하는 방안을 내놓는다. 즉 6억 1,000만 원짜리 아파트라면 2%이던 취득세율이 1.07%가 되고 8억 9,000만 원짜리 아파트라면 2%가 아닌 2.93%가 되는 식이었다. 어차피 주택 가격이란 다양하게 분포할 테니 이 제도가 시행돼도 총 취득 세수에 큰 차이가 발생하지 않겠지만 6억 원과 9억 원의 장벽에 걸려 있던 아파트들의 가격에는 상단의 저항선이 없어지는 셈이었다. 결국 2019년 12월 27일 지방 소득세법 개정안이 국회 본회의를 통과했고, 2020년 1월 1일부터 새로운 취득세율이 적용됐다.[7]

6억 원과 9억 원의 벽을 넘어

수도권 전역의 아파트 가격은 이제 무력화된 6억 원과 9억 원의

---

7 지방 소득세법 개정으로 취득세 부담이 증가하는 7억 5,000만 원~9억 원 구간의 주택은 2019년 12월 31일까지 매매 계약을 체결하고 2020년 3월 31일까지 잔금을 지급하면 종전의 세율을 적용했다. 그러나 3개월에 불과한 한시적 조치였다.

벽을 넘어 다 같이 앞자리를 바꾸기 시작했다. 이것이 행정안전부가 취득세율을 개편하며 의도한 바는 아마 아니었겠으나 시장에는 엉뚱한 영향을 크게 미쳤다.

6~9억 원 구간 주택 유상 거래 취득세율표

취득 가격	세율	세액	취득 가격	세율	세액
60,000	1.00	600	76,000	2.07	1,573
61,000	1.07	653	77,000	2.13	1,640
62,000	1.13	701	78,000	2.20	1,716
63,000	1.20	756	79,000	2.27	1,793
64,000	1.27	813	80,000	2.33	1,864
65,000	1.33	865	81,000	2.40	1,944
66,000	1.40	924	82,000	2.47	2,025
67,000	1.47	985	83,000	2.53	2,100
68,000	1.53	1,040	84,000	2.60	2,184
69,000	1.60	1,104	85,000	2.67	2,270
70,000	1.67	1,169	86,000	2.73	2,348
71,000	1.73	1,228	87,000	2.80	2,436
72,000	1.80	1,296	88,000	2.87	2,526
73,000	1.87	1,365	89,000	2.93	2,608
74,000	1.93	1,428	90,000	3.00	2,700
75,000	2.00	1,500			

(3주택 이하, 단위: 만 원, %)

제도와 정책이 시장과 다투는 사이 아파트 가격만 천정부지로 다 같이 올랐다. 강남 서초의 비싼 아파트, 마용성의 신축 아파트뿐 아니라 우리 주변에 흔하게 있던 서울 아파트가 이제 웬만해서는 9억 원이 된 데 이어 경기도 집값도 만만치 않게 올라 서울 뺨치는 경우가 속출했다.

가령 2018년에 입주한 래미안과천센트럴스위트는 84㎡ 기준 실거래가 18억 원을 넘어섰다. 과천이야 본래 서울 못지않은 무림의 강호라지만 광교중흥S클래스도 84㎡ 기준 실거래가가 16억 원을 넘겼다. 용인 수지의 성복역롯데캐슬골드타운은 15억 원에 근접했고, 동탄역린스트라우스도 13억 원 이상이 됐다. 비단 이 한 단지만의 문제가 아니라 동탄역 인근의 시범 단지들이 84㎡ 기준 모두 10억 원 선을 넘기면서 과거 미분양의 대명사로 불린 동탄 신도시의 신축 아파트는 100만 달러를 가지고도 덤비기 어렵게 됐다.

2017년 5억 7,000만 원 언저리의 분양가로 고분양 논란이 일던 일산의 킨텍스원시티는 GTX-A 개통에 대한 기대로 2021년 15억 4,000만 원이라는 신고가를 경신하면서 세 배에 가깝게 올랐다. 수색과 바로 인접한 고양 향동의 DMC리슈빌더포레스트가 10억 5,000만 원, 삼송2차아이파크가 10억 8,000만 원 선에서 실거래된 것과 비교하면 차라리 서울 인접 지역이 덜 오른 것 같다는 생각마저 들 정도다.

3년 전 6억 원을 넘지 않던 남양주 다산 신도시의 힐스테이트 다산도 8호선 연장 개통을 기다리며 이제 실거래가 기준 10억 원을 넘겼다. 파주의 운정센트럴푸르지오는 2020년 12월 8억 8,700만 원에 실거래되면서 9억 원 선을 강하게 위협했다. 김포의 풍무센트럴푸르지오도 8억 원에 근접해 거래되는 모양새다.

여기에서 언급한 아파트들은 신도시 내에서도 가장 고가의 시세를 형성하는 대장 단지이고, 인근에는 이보다 낮은 가격에 거래되는 아파트도 물론 여럿 있다. 그러나 이제 경기도권 신도시라도 10억 원이라는 숫자가 낯설지 않아졌다는 점이 중요하다. 또 지역 내 대장 아파트가 저렇게 고가의 가격대를 형성하면 인근 단지들도 그에 준해 가격표를 바꿔 달며 일정하게 따라간다.

중위 가격의 역습

이러한 상황을 완화하려면 서울 시내든 수도권이든 새로운 분양 물량이 나와 완충해 줘야 하는데 이 역시 쉽지 않아 보인다. 서울에 아파트를 짓기란 워낙 어렵고 비용이 많이 드니 차치해도 경기도권 택지 지구의 조성 역시 점차 만만치 않아지고 있기 때문이다.

가령 2011년 LH가 공급해 2013년 입주한 원흥 도래울 마을의 경우 처음 들어선 단지를 기준으로 평당 분양가가 약 800만 원 수준이라 84㎡도 2억 원 후반대에 분양 가능했다. 그러나 당시에는 워낙 주변 기반 시설이 열악했고, 다소 외진 곳이라는 느낌이 들어 사람들의 관심을 끌지 못했다. 더구나 주택 경기가 좋지 않던 시절이니 더더욱 그랬을 것이다.

그런데 도래울 북쪽으로 삼송이 본격적으로 개발되면서 조금씩 달라졌다. 지하철 3호선을 끼고 스타필드 고양까지 들어선다는 이야기가 들리면서 당시 삼송 첫 단지들의 분양가는 평당 1,000만 원 수준, 그러니까 84㎡ 기준으로 3억 원 초중반의 분양가를 형성했다. 분양이 이어지고 북삼송과 원흥역 일대에 아파트가 들어서면서 분양가는 평당 1,200만 원대까지 올라 이제 3억 원 중후반 수준으로 굳어지고 있었다.

그다음은 향동이었다. 2016년 여름에 분양한 고양향동계룡 리슈빌은 84㎡ 기준 분양가가 4억 3,600만 원에 이르러 평당 1,300만 원 수준에 다다랐다. 2017년 여름 그다음 타자였던 지축의 지축센트럴푸르지오는 아예 한술 더 떠서 5억 원을 불렀는데 그럼에도 수십 대 1의 경쟁률을 기록했고 청약 가점도 50점대를 훌쩍 넘었다.

향동에서 얼마 떨어지지 않은 덕은 지구 분양 당시에는 이 폭이 더 커졌다. 2019년 7월 분양한 고양덕은대방노블랜드의 84㎡ 분양가는 최고 6억 5,600만 원에 달했다. 평당 1,800만 원도 넘은 것이다.

이것은 무슨 뜻일까? 어차피 집을 지을 때 평당 공사비가 크게 달라질 요인은 없다. 결국 땅값이 분양가를 결정하는데 땅값이 몇 년 사이 두 배 이상 올랐다는 의미다. 택지는 모두 LH공사에서 조성해 공급했다. 공공 택지로서 분양가 상한제에 전매 제한까지 적용되는 분양이지만 애초에 끊임없이 오른 집값에 나날이 높아지는 분양가 압력도 있었을 테고, 새집이 그만큼 희소하기에 이런 일이 생긴 것이다.

그렇다면 궁금증이 남는다. 원흥과 삼송, 향동과 덕은을 두르고 한가운데에 조성되는 창릉 신도시의 분양가는 과연 얼마가 될까?

이제 삼송과 원흥, 향동의 집값이 (84㎡ 기준) 10억 원을 바라보는 가운데 아무리 분양가 상한제를 적용한들 몇 년 전 가격으로 돌아가 3억 원이나 4억 원대에 분양할 수 있을까?

더군다나 3기 신도시의 경우 임대 물량을 늘리겠다고 하는데 그렇다면 임대 주택을 지을 재원은 어디에서 조달할까? 결국 일반 분양을 한 돈으로 지을 수밖에 없다. 상당 부분은 LH가 토지를 조성해 건설사에 팔고 건설사가 집을 짓는 민간 분양이 될 텐데 이때 다시 땅값이 문제가 될 것이다.

만약 창릉 신도시 분양가가 기대와 달리 6억 원을 넘어 아예 7억 원 선에서 결정된다면 그것은 무슨 의미일까? 결국 서울의

10억 원 집값도 경기도 신도시의 8~9억 원 가격에 힘입어 지탱되고 유지될 수밖에 없다는 논리가 된다.

하지만 정부는 (공급은 충분하다는 전제하에) 3기 신도시가 들어서면 물량은 더더욱 충분하니 걱정하지 말고 예비 청약을 기다리라는 말을 거듭할 뿐이다. 실제로 언제 입주 가능할지, 분양가 수준은 얼마일지 하는 질문들은 정작 가려져 있다.

그리고 그렇게 미적대며 시간만 가는 사이, 시장의 대답은 중위 가격의 역습으로 나타나 평범하고 만만해 보이던 우리 주변의 보통 집들도 더 멀어져 갔다.

너무 많은 물량이
잠겨버렸다

2020년 여름, 아무것도 달라지지 않는 가운데 집값이 계속 화두였다. 대통령이 국토교통부 장관을 청와대로 불러 주택 시장 동향과 대응 방안을 보고받고 "실수요자, 생애 최초 구입자, 전월세 거주 서민들의 부담을 확실히 줄여 줘야 하고, 다주택자 등 투기성 주택 보유자에 대해서는 부담을 강화하라"라고 지시한 무렵이었다.

여느 날처럼 일상을 보내던 오후였다. 핸드폰이 울려 별생각 없이 받았는데 모르는 번호였다. 가끔 언론사 기자들로부터 부동산 전망을 묻는 전화가 오던 시기라 무심하게 받았던 것 같다.

그런데 조금 석연치 않은 연락이었다. 부동산 관련 정책을 연구하고 대안을 발굴하는 정부 출연 기관에서 온 전화였는데, 내용인즉 최근 들어 임대 사업자 정책과 관련해 개선 방안들을 들여다보고 있다는 것이었다. 나야 그저 블로그에 글이나 몇 줄 쓰는 장삼이사일 뿐인데 어떤 계기와 연이 있었는지 내 목소리를 들어보고 싶다고 했다.

당연하지만 나는 그런 이야기를 늘어놓을 자격도 없고, 무엇보다 평일에 시간을 내서 세종시까지 내려갈 수 있는 처지도 아니었다. 딱히 할 수 있는 이야기도 많지 않을 것 같아 20분 정도 평소 생각을 전화상으로 나누었다.

앞서 살펴본 대로 임대 사업자 정책은 모두가 집을 가지기 불가능한 현실 속에서 민간 임대가 주거 안정의 중요한 축으로 자리 잡게 하기 위한 한 가지 유인책이자 돌파구였다. 결국 500만 호 이상이 사적 임대 시장에 노출돼 있다면 이를 양지로 끌어내 제도권 내에서 관리하고 전월세 금액을 일정 범위로 통제하기 위해 다주택자들에게 양도 소득세, 재산세, 종합 부동산세 등의 혜택을 주는 대신 의무 임대 기간을 약정하게 하는 제도였다. 누군가가 집을 사서 세를 놓지 않는다면 민간 임대 시장은 성립할 수 없고 전월세난은 가중될 텐데 이렇게 8년 이상의 장기 임대를 목적으로 집을 묶어 놓으면 한 가지 대안이 되리라는 구상이었다.

문제는 이 제도가 이미 자산을 가진 사람이 추가로 집을 취득하고 각종 세금을 줄이는 데 도움을 주는 방향으로 활용됐다는 것이다. 반면 실수요자들은 강화된 대출 규제 때문에 자기 집을 사기가 더 어려워졌다. 여러 차례의 보완책과 9.13 대책으로 임대 사업자가 집을 새로 취득할 때 주던 혜택은 거의 대부분 닫히고 줄었지만, 이미 잠겨 버린 임대 사업자 물량이 너무 많아진 후였다.

정책 개선 과제를 발굴하는 기관의 입장에서 이 대목은 뼈아파 보였다. 제도상 이미 너무 많은 혜택이 주어졌는데 그렇게 등록한 집이 2020년 1분기 말 기준으로 150만 채가 넘었다. 이제 새로 등록되는 주택이 많지 않다고 해도 이미 등록된 집들은 앞으로 최소 몇 년간 시장에 나올 수 없게 됐다. 그나마 임대료 5% 증액 제한이 걸려 있으니 어느 정도 전월세 가격 상승을 억제하는 효과는 있겠으나, 현실에서는 등록 임대 주택과 미등록 주택 간 전세 가격에 차이가 생기는 디커플링 현상이 일어나기 시작했다. 기존에 등록 임대 주택에 입주한 세입자는 그 집에서 계약 연장을 하면 큰돈 올리지 않고도 계속 살 수 있으니 나올 이유가 없다. 그런데 새로 집을 구하는 사람들은 새롭게 집을 사서 전세 주겠다는 사람이 없으니 얼마 되지 않는 물건을 두고 각축을 벌여야 하는 질서가 만들어졌다.

또 등록한 임대 주택의 경우 의무 임대 기간을 채우지 않고 중간에 팔려면 기존에 받은 세제 혜택을 모두 환수당하는 것에 더해 3,000만 원의 과태료까지 부과되니 팔고 싶어도 팔 수 없고, 결국 매수 우위가 지속되는 환경에서 주택 수급에 악영향을 미쳤다.

그렇다면 제도를 번복해야 했는데 기존 임대 사업자에게 이미 부여한 혜택을 소급해서 되돌리기에는 정책 신뢰도 측면에 막대한 부담이 됐고, 법적으로도 문제가 될 소지가 있었다.

한편 이미 집값이 빠르게 올라 사회 문제가 된 상황에서 임대 사업자들이 가진 집을 내놓게 하고 실수요자가 이를 매수한다면 그 역시 일종의 상투 잡기가 될 수 있다는 우려도 있었다. 게다가 다주택자 입장에서는 이미 집값이 올라 자산이 커 나가는 경험을 충분히 했고, 이제 어정쩡한 집 여러 채 가지고 있어 봐야 머리 아프고 세금만 낸다는 것을 체득한 이상 오히려 집 판 돈을 뭉쳐 고가 주택으로 집결할지도 모를 일이었다.

임대 사업자를 매달자

해결책은 마땅치 않았지만 한 가지는 명확했다. 앞으로 부동산 정책의 타깃은 임대 사업자가 되리라는 것이었다. 사실 이맘때 한참 문제가 되던 대상이 하나 더 있었는데 바로 법인 투자자였다.

일반적 관점에서 생각하는 법인, 그러니까 회사 형태를 갖추고 전문적으로 주택 임대 사업을 할 목적의 투자자라면 문제가 없었겠지만 당시에는 늘어나는 다주택 규제에 대응해 상대적으로 규제의 손길이 덜 미치는 법인의 형태로 개인이 집을 사고팔면서 단타 거래를 하는 일이 많았다. 정부 입장에서는 용납하기 어려운 투기 수요였고, 결국 법인에 대해서는 취득세(12%)와 종합 부동산세율(다주택 6%)을 대폭 인상해 공제 없이 최고세율을 적용해 아예 투자 수익을 기대하기 어렵도록 제재를 가했다. 이는 매우 파격적인 조치였는데, 이 때문에 정상적으로 임대 사업을 하던 실제 부동산 임대 회사들이 그 유탄을 함께 맞고 사업을 포기해야 하는 상황에 처하기도 했다.

가끔 오해하는 경우가 있는데, 조세는 국가의 절대적 권한이지 토론의 대상이 아니다. 과세의 적절성이나 합리성은 국가가 판단하고 결정하는데, 정도가 적절치 않거나 과도하면 국민에게 조세 저항을 받는다. 과거였다면 민중 봉기가 일어났을 테고 현대 민주주의 사회에서는 투표라는 방법으로 심판대에 오르게 된다. 개인의 입장에서 제도의 옳고 그름을 주장해 봐야 아무 의미가 없는 것이다.

하지만 아무리 이것이 국가의 권한이라도 기존 제도로 공언한 기본 전제 자체를 뒤집으면서 말을 바꾸면 그것은 다른 문제가 된다. 헌법 제13조로 규정한 "모든 국민은 소급 입법에 의해서 재산권을 박탈당하지 않는다"라는 원칙까지 언급하지 않더라도 국가가 어제와 오늘 다른 이야기를 한다면 믿을 사람이 아무도 없을 것이며, 이는 법치주의가 작동하지 않는 후진국에서나 있을 법한 수준 낮은 일이기 때문이다. 부동산 문제를 풀겠다고 이런 오류를 저지르면 사회 전반의 신뢰를 파괴해 뒷감당하기 어려워질 수 있었다.

유리한 점은 취하고 불리한 점은 눈 감는

상황이 이러한 터라 찜찜한 마음으로 전화를 끊었는데 얼마 지나지 않아 언론에 이상한 보도가 나오기 시작했다. 바로 '0.5호'의 문제였다.

본래 임대 사업자는 1호 이상 주택을 8년 이상 임대한 경우에 한해 장기 보유 특별 공제를 적용받는다. 그런데 부부 공동 명의로 임대 사업을 등록한 경우 한 사람이 0.5호씩 지분을 가지니 인당 1호 이상에 해당하지 않아 과세 특례가 적용되지 않는다.

본래 부부는 한 몸이고 세법상으로도 그렇다. 또 주민등록법상 동일 세대에 거주하는 부부라면 1인 성격이 부인된 적이 없고, 다른 과세 논리상 다주택 판정 시에도 대부분 세대 합산을 기본으로 한다. 그러나 임대 사업자의 과세 특례는 다르다는 보도였다. 부부가 공동 명의로 임대 주택을 등록했다면, 두 채 이상 등록해야 1호 이상이라는 요건이 성립한다는 것이 국세청의 유권 해석이었다.

이어지는 사례 설명은 더욱 해괴했는데, 부부가 공동 명의로 한 채를 임대하고 부인이 단독 명의로 다른 한 채를 임대할 경우 8년 이상 임대하고 매도하면 남편은 0.5채를 임대한 것이고 부인은 1.5채를 임대한 것이기 때문에 부인은 세제 혜택을 받을 수 있고 남편은 받을 수 없다는 것이었다.

그러나 남편이고, 부인이고 8년이 되기 전에는 마음대로 집을 팔 수 없다. 이미 법 조항에 따라 1호 이상의 주택을 등록했기 때문에 과태료가 부과된다. 즉, 한 채의 집을 부부가 공동 명의로 임대 주택 등록을 한 경우 세제 혜택을 계산할 때는 0.5호이지만 과태료를 계산할 때는 1호가 되었다.

이 해석이 정말로 맞는다면 애초에 공동 명의인 한 채의 경우에는 임대 사업자 등록을 받아 주면 안 됐다. 등록 요건이 되지 않기 때문이다. 취득세나 재산세 감면, 양도 소득세 중과 배제, 종합 부동산세 합산 배제도 다 잘못 처리한 것이다. 직권 말소하고 없던 일로 해야 한다.

하지만 임대 사업자들은 유리한 점만 취하고 불리한 점에는 눈감는 잘못된 법 집행의 기조 아래, 정부의 장려에 따라 임대 사업자 등록을 하고도 정부가 공언한 혜택은 하나씩 박탈당하고 반쯤 사기를 당한 상태로 8년이 지나기만 지켜봐야 하는 처지가 됐다.

엄청난 혼란과 반발 끝에 몇 달이 지나서야 2020년 9월 기획재정부가 공동 명의라도 1호 이상으로 인정하겠다는 유권 해석을 내리면서 이 문제가 봉합됐다. 국세청이 내린 판단을 상급 기관이 뒤집으면서 정리하는 모양새였다.

문제는 여기에서 끝나지 않았다.

정책과 제도를
신뢰한 죄

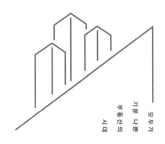

2020년 4월 총선이 끝나고 여당이 압도적 다수 의석을 차지하자 이제 의원 발의 입법으로 부동산 문제를 풀어 보겠다는 움직임이 일었다.

어차피 법안 발의는 같은 문제를 놓고도 여러 의원이 여러 생각을 할 수 있고 그중 어느 법안이 통과될지는 모르는 문제다. 하지만 파격적 법안을 발의하고 언론에 보도되면 의원은 이름을 알리고 유명세도 탈 수 있다.

그런 문제였을까? 여당의 한 재선 의원이 임대 사업자에게 주는 세제 혜택을 소급해서 모두 박탈하는 내용의 법안을 발의했다.

161

사태는 일파만파 커졌다. 마침 국토교통부가 임대 사업자 제도에 대해 "등록 임대 재고 확대를 통해 임차인 주거 안정에 기여했고, 세제·금융 혜택은 축소, 조정했다"라고 자화자찬성 보도 자료를 낸 지 얼마 지나지 않은 때였다. 당시 나는 설마 하는 마음으로 해당 의원에게 연락해서 물었다. 마침 내가 사는 지역구 의원이었다.

"소급 논란이 시끄럽습니다. 기존에 법이 부여한 혜택을 소급해 축소하는 것인지 여쭙습니다."

"소급 적용 아닙니다."

"의원께서 말씀하셨으니 가장 정확한 것으로 알겠습니다. 감사합니다."

그런데 그날 오후 나온 해당 의원의 언론 인터뷰는 충격적이었다. 이미 감면받은 세금에는 적용하지 않지만 미실현 이익에 대한 혜택이 축소되는 것이라 소급 적용이 아니라는 말이었다는 것이다. 그러니까 법률 용어상으로만 소급 적용이 아닌 것이고, 현재 등록한 임대 사업자들에 대한 혜택은 번복하여 없앤다는 의미였다.

납득하기 어려웠다. 국토교통부 장관이 임대 사업자로 등록하라고 광고를 하고, 그런 내용이 임대 사업자 홈페이지(렌트홈)에도 이미지로 실려 있었다. 만약 국토교통부 장관이 임대 사업자 제도를 홍보한 이후 8년이 지났다면 모르겠지만 제도를 신뢰하고 국가의 제안대로 등록한 사람들을 그물 안에 가둬 놓고 약속한 기간이 지나기도 전에 제도를 번복하는 것은 용납하기 어려웠다. 게다가 혜택은 없애지만 8년간 팔 수 없고 5% 증액 원칙도 지켜야 하며, 어길 경우 과태료가 부과된다는 점은 동일했다.

국토교통부는 난처한 입장에 빠졌다. 정부가 제안하고 장관이 권유한 임대 사업자 정책을 실패했다고 인정하자니 정책 실패의 부담이 너무 컸고, 그대로 내버려 둘 수도 없는 일이었다. 하지만 이 일을 매듭짓는 것은 정부의 몫이었다.

다주택자들이 집을 팔지 않는 이유

2020년 7월 10일, 경제부총리가 23번째 대책인 7.10 대책을 발표했다. 이 대책에서는 "실수요자들의 내 집 마련 불안감 및 신축 선호 때문에 30대 등을 중심으로 추격 매수 심리가 확산되고 있고, 지속적이고 충분한 공급 시그널이 필요하다"라고 시장 상황을 평가했다. "공급은 충분하다"라는 입장만을 거듭하던 과거의 대책에서 다소 돌아선 모양새였지만, 여전히 투기 수요 차단이라는 모호한 목표가 정책의 전면에 있었다.

이날부로 아파트에 대한 임대 사업자 등록 제도는 완전히 폐지됐다. 기존에 등록한 주택은 세제 혜택이 유지되지만, 의무 임대 기간이 끝나면 자동 말소되도록 제도를 변경했다. 즉, 8년이 끝나면 기존에 약속한 세금 감면은 적용해 주지만 거기까지라는 것이었다. 또 의무 임대 기간을 다 채우지 못해도 자진 말소하고 과태료 등 벌칙을 면제해 주기로 했다. 사실상 제도를 포기한 것이다.

이렇게 된 이상 임대 등록마저 하지 않은 다주택자에 대한 세제를 더욱 징벌적으로 강화해야 했다. 2주택자에 대해 +10%p, 3주택자 +20%p가 적용되던 양도 소득세율은, 2021년 6월부터 2주택자 +20%p, 3주택자 +30%p로 한층 높아졌다. 이미 8.2 대책에서 양도 소득세를 중과하는 시도가 실패했음에도 6월 안에 팔라는 시그널을 주면서 다시 한번 다주택자들을 압박했다. 그런데 이렇게 되면 3주택자의 경우 과세 표준 기준 8,800만 원 이상 오른 집에 (지방 소득세를 포함해) 71.5%의 양도 소득세가 부과돼 집을 파는 결정은 더더욱 멀어질 수밖에 없었다.

양도 소득세율 개정안

과세 표준	1주택자	2주택자	3주택 이상	누진 공제
1,200만 원 이하	6%	26%	36%	-
4,600만 원 이하	15%	35%	45%	108만 원
8,800만 원 이하	24%	44%	54%	522만 원
1억 5,000만 원 이하	35%	55%	65%	1,490만 원

과세 표준	1주택자	2주택자	3주택 이상	누진 공제
3억 원 이하	38%	58%	68%	1,940만 원
5억 원 이하	40%	60%	70%	2,540만 원
10억 원 이하	42%	62%	72%	3,540만 원
10억 원 초과	45%	65%	75%	6,540만 원

(지방 소득세 별도, 세액의 10%)

이 문제는 아직 끝나지 않았다. 2021년 5월, 여당 부동산특별 위원회에서는 임대 사업자 제도를 아파트뿐만 아니라 전 주택에 대해 아예 폐지하겠다는 방안을 내놓았다. 그리고 세입자만 동의하면 임대 사업자가 언제라도 자진 말소할 수 있게 하되 말소 후 6개월 이내에 집을 팔아야 양도 소득세 중과를 면제하겠다고 밝혔다. 또 의무 임대 기간 종료 후에는 별도의 제한을 두지 않던 양도 소득세 중과상의 세제 혜택 시한도 자동 말소 후 6개월 까지로 제한했다. 이렇게 함으로써 다주택자가 가진 매물이 반강제적으로라도 시장에 많이 풀리게 해 가격 안정을 유도하겠다는 것이다.

그러나 이는 또 다른 부작용을 일으킬 가능성이 커 보인다. 등록 임대 주택이 줄어드는 만큼 전월세 공급이 줄어 세입자의 매매 수요로의 전환을 촉진할 것이며, 집을 팔아 수익을 실현한 다주택자는 그 자금으로 다시 똘똘한 한 채에 집중할 개연성이 크다. 그나마 말소 후 6개월 안에 팔릴 만한 아파트라면 일부 매물 출하 효과라도 있겠지만, 아무도 사려 하지 않는 다가구 주택의 경우 이러한 정책이 오히려 세입자들의 주거 안정을 정면으로 깨트리는 부메랑이 될 것이다. 팔고 싶어도 팔리지 않고, 임대 사업자 제도가 없어진 상황에서 계속 전월세를 주자니 세금 부담이 너무 높아져서 보유와 임대의 실익이 사라져 버릴 것이기 때문이다. 민간 임대가 전체 주택 시장의 30% 내외를 차지하는 엄연한 현실 속에서 어느 날 갑자기 "민간 임대는 더 이상 필요하지 않으니 임대 사업자는 무조건 집을 팔라"라고 감정적으로 종용하는 것이 얼마나 황당한 이야기인지는 부연 설명할 필요가 없어 보인다. 이는 현실에 맞지 않고, 가능하지도 않은 말뿐인 개선안이었다. 결국 2021년 6월 여당에서도 임대 사업자 정책 변경은 백지화하고 원점에서 재검토하겠다는 입장을 밝혔는데, 앞으로 이 정책이 어느 방향을 향하게 될지는 여전히 알 수 없는 상태다.

임대 사업자를 둘러싼 여러 소동은 부동산 문제와 관련해 우리 사회가 얼마나 왜곡된 현실을 마주하게 됐는지 적나라하게 보여 주었다. 임대 사업자 제도가 지향하는 목표가 선한 것이며 전월세 시장 안정에도 도움이 된다는 명분을 포기하기 어려운 국토교통부, 화끈한 입법으로 자기 이름을 알리고 싶은 국회의원들, 반신반의하면서도 세제 혜택 때문에 시키는 대로 등록했는데 손바닥 뒤집듯 제도가 바뀌는 탓에 무엇을 믿어야 할지 모르겠는 임대 사업자가 실랑이를 하는 사이, 그 광경을 지켜보는 사람들의 마음은 또 어떠했을까?

하지만 온 사회가 이 문제로 갈등을 겪고 있던 때, 막상 이 제도를 설계하고 도입한 장본인인 김수현 수석은 그곳에 없었다. 이미 2019년 6월 청와대에 사표를 던지고 대학으로 돌아가 교수 일을 하고 있었기 때문이다.

임대차 3법이라는
무리수

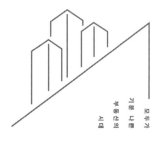

아파트에 대한 임대 사업자 제도는 폐지됐지만 불씨는 남아 있었다. 민간 임대 시장을 관리할 제도적 기반이 사라진 상황에서 전월세 시장을 어떻게 안정시킬지에 대한 문제가 남았기 때문이다. 2020년, KB국민은행 조사에 따르면 서울의 매수 우위 지수는 중간점인 100을 지나 4월에 70 수준까지 떨어졌다가 다시 급하게 반등하여 7월에는 130을 넘어섰다. 서울 시내 아파트의 평균 매매 가격은 9억 5,000만 원을 돌파했으나 평균 전세 가격은 5억 원 수준으로 전세가율은 54.8%까지 떨어져 있었다. 2017년 5월의 서울 아파트 평균 매매 가격이 6억 원 언저리, 평균 전세 가격은 4억 2,600만 원 수준이었던 것을 감안하면 3년간 매매 가격이 50% 이상 오르는 동안 전세 가격은 약 17% 상승하는 데 그쳐 상대적으로 안정적인 흐름을 보였다.

그런데 국회의 마음은 이번에도 조급했다. 2020년 7월 전월 세 상한제와 계약 갱신 청구권제, 전월세 신고제 법안이 발의돼 이른바 임대차 3법의 시대가 예고됐다. 이 법은 전월세 계약 만 료 시 기존의 세입자가 계약 갱신을 한 번 청구할 수 있게 하고, 이때 임대료는 5% 이내로 인상한다는 내용을 핵심으로 했다.

이 법은 세입자의 주거 안정을 도모하고 전월세 상승을 억제 하는 순효과를 의도했을지 모른다. 그러나 현실에서는 이 법이 전혀 엉뚱한 파급력을 미쳤다. 가뜩이나 다주택 보유에 대한 규 제가 강해져 새로 집을 사서 전세를 놓겠다는 사람은 사라지는 추세였고, 그나마 전세를 끼고 집을 사는 사람은 결국 일정 기간 뒤 본인이 입주할 계획인 경우가 많았는데 이 법이 통과되면 집 주인이 원하는 시기에 입주하고 싶어도 못 하게 될 수 있다는 우 려가 퍼졌기 때문이다. 게다가 계약을 연장하면 임대료를 5%까 지밖에 올리지 못하니 올릴 수 있을 때 최대한 올려야 한다는 생 각까지 더해졌다.

집주인과 세입자의 전쟁

상황은 복잡하게 전개됐다. 2020년 7월 30일, 전월세 상한제와 계약 갱신 청구권제가 국회를 통과해 바로 다음 날부터 시행됐다. 대상은 만기가 한 달 이상 남은 모든 전월세 계약이었다. 세입자 입장에서는 집을 사서 다른 곳으로 이사 갈 계획이 없다면 일단 계약 갱신 청구권을 쓰고 5% 이내로 임대료를 올리는 것이 유리한 선택이었다. 집주인 입장에서는 이를 수용하거나 본인이 그 집에 직접 입주해 세입자를 내보내는 경우의 수밖에 없었다.

문제는 집주인이라고 해서 모두 엄청난 자산가는 아니라는 것이었다. 언젠가 입주할 계획으로 조금 비싼 집에 갭 투자를 해 놓고, 본인도 다른 곳에 전세로 거주하는 집주인도 상당수였다. 그런데 거주하는 전셋집 집주인이 보증금을 대폭 올려주지 않으면 본인이 입주해서 실거주하겠다고 요구하는 경우가 발생하기 시작했다. 이런 상황에서 막상 갭 투자한 집의 세입자가 인상률 5% 이내의 계약 갱신을 요구하면 양쪽의 자금을 맞출 수 없게 되니, 갑자기 오갈 데가 없어지는 복잡한 상황이 되는 것이었다.

시장은 빠르게 달아올랐다. 일단 기존 세입자가 나가고 새로운 세입자를 구하는 전세 계약의 경우, 기존 시세 대비 보증금을 1~2억 원씩 올리는 경우가 속출했다. 2년 뒤에는 5%밖에 올리지 못하니 올릴 수 있을 때 최대한 올리자는 것이었다. 단기간에 폭등한 시세로 과연 계약이 가능할지 염려한 것도 잠시였고, 전세 가격 폭등은 현실이 돼 버렸다.

2020년 10월, KB국민은행에서 발표한 월간 주택 가격 동향에 따르면 서울의 전세 수급 지수는 191.1로 나타나 무려 19년 2개월 만에 최대치를 기록했다. 어쩌면 통계 작성 이래 가장 높은 수치였는지도 모른다. 여기에는 정책적 규제들이 불을 지핀 측면도 있었는데, 실거래가 9억 원 초과 주택에 대해서 기존에는 보유 기간만으로 최대 80%를 받을 수 있던 1주택자 장기 보유 특별 공제에 9.13 대책으로 2년 거주 요건이 추가되면서, 집주인들이 막대한 세금 차이로 인해 세입자를 내보내고 본인이 입주하는 일들이 발생하기 시작했다.[8] 또 2020년의 6.17 대책으로 투기 과열 지구 재건축 아파트의 경우, 기존 조합원들도 2년간 실거주를 해야만 분양권을 받을 수 있다는 방안에 의해 집주인들이 전세를 거두고 입주를 선택하는 일들도 벌어졌다. 그러나 우습게도 재건축 실거주 규정은 시장에서 수많은 갈등과 부작용만 낳다가 2021년 7월, 불과 1년 만에 국회에서 백지화되어 없던 일이 되고 말았다.

법에서 보장하는 2년 연장을 요구하는 세입자와 보증금을 올

---

8 이후 12.16 대책으로 2021년 1월 1일 이후 양도분에 대해 1주택자 장기 보유 특별 공제가 10년 보유 40%, 10년 거주 40%로 개편됐다.

리려는 집주인 간의 갈등은 감정 다툼을 넘어 법적 분쟁으로 비화했다. 본인이 입주한다며 세입자를 내보냈으면서 실제로는 입주하지 않고 다른 세입자를 구한 집주인들도 있어 어떻게 하면 손해 배상을 받을 수 있을지 묻는 세입자가 늘어났다. 협상을 일절 거부하고 무조건 2년간 계약 갱신을 요구하는 세입자를 어떻게 내보낼 수 있을지 고민하는 집주인도 많아졌다. 이른바 집주인과 세입자 간의 전쟁이 시작된 것이다.

반전세 시대의 개막

한편 전세 가격이 단기간에 억 단위로 폭등하니, 이렇게 오른 금액만큼 반전세로 바꾸어 내놓는 매물도 증가했다. 가령 과거에 전세 5억 원짜리 집이었다면 이제는 7억 원대에 전세를 내놓을 수 있는데, 집주인 입장에서 보증금을 2억 원 더 받아 봐야 딱히 투자할 곳도 없으니 차라리 보증금 5억 원에 월세 50만 원을 받겠다고 선언한 것이다. 전세 시세가 비싼 서울 시내 신축 아파트의 경우에는 보증금 3억 원 내외에 월세로 150만 원 이상 내는 아파트들도 등장했다. 임대차 3법이 반전세 시대를 개막하는 도화선으로 작용한 것이다.

지난 수십 년간 우리나라에 전세 제도가 있었고, 서로 원만하게 협의해서 시장이 유지되고 운영돼 왔는데, 막상 세입자를 보호하겠다는 법이 도입되고 불과 몇 달 만에 전세 가격이 폭등하고 계약 당사자들 간에 얼굴을 붉히며 머리싸움을 하는 일이 생겨난 것이다.

그래서 이제 시장에는 세 가지 유형의 전세가 생겼는데 정리하면 다음과 같다. 앞서 언급한, 과거에 전세 5억 원대였고 현재는 7억 원대가 된 아파트의 사례다.

① 새로운 세입자와 전세 체결: 최근 시세 수준으로 계약 체결(보증금 7억 5,000만 원)
② 기존에 거주하던 세입자가 계약 갱신을 청구: 2년 전 시세에서 5%를 올려 계약 체결(5억 2,000만 원+5%[2,600만 원]=보증금 5억 4,600만 원)
③ 2017년 이후 등록한 임대 사업자 매물: 등록일부터 2년에 5%씩 증액 제한(4억 7,000만 원+5%[2,350만 원]+5%[2,467만 원]=보증금 5억 1,800만 원)

임대 사업자로 등록된 집에 거주하는 ③의 경우 2년 뒤에도 5억 1,800만 원의 5%인 약 2,590만 원만 올려 주고 등록이 말소될 때까지 시세보다 현저히 낮은 가격에 계약을 이어 갈 수 있다. 그러나 ②의 경우라면 이미 갱신 청구권을 썼으니 2년 뒤에는 시세 수준으로 보증금을 올려 주거나 전셋집에서 나가야 한다. 그런데 한 번에 2억 원 가까이 올려 주기란 쉽지 않기 때문에 반전세로 전환해 월세 수십만 원씩 내거나 시세가 저렴한 다른 동네로 이사 가야 하는 처지가 된 것이다.

이는 보통 사람들만의 문제가 아니어서 심지어 일국의 경제 부총리가 전세 계약 문제로 곤란에 빠지는 일까지 있었다. 그는 경기도 의왕에 소유한 아파트를 전세 주고 있었는데, 세종시에도 공무원 특별 분양을 받아 분양권을 갖고 있어 다주택자 논란에 빠지자 의왕 집을 팔기로 매도 계약을 했다. 그런데 계약 당시만 해도 만기 시점에 나가겠다고 한 세입자가 임대차법 개정 이후 돌연 태도를 바꿔 계약 갱신을 요구하면서 매수인이 이 집에 들어오지도, 담보 대출을 받지도, 잔금을 납부하지도, 전입하지도 못하는 상황이 돼 버렸다. 게다가 그는 서울 마포구에서 6억 원대의 전셋집에 살았는데, 집주인이 전세 계약이 만기되면 실거주하겠다는 의사를 표했다. 다른 집을 알아보자니 주변 시세가 9억 원 수준으로 급등해 2억 5,000만 원 이상을 구해야 하는 입장이 된 것이다.

결국 이 문제는 의왕의 세입자에게 합의금을 주고 내보내는 선에서 마무리됐으나, 정책의 수장조차 설익은 법 때문에 유탄을 맞는 광경을 지켜본 국민들의 마음은 참담했다. 집을 가진 사람, 전세를 구해야 하는 사람 할 것 없이 누구도 마음 편히 바라

볼 수 없는 연극 같은 이야기였다. 이 일이 그저 남의 일처럼 느껴지지 않는 이유는 내 주변에서도 비슷한 사정으로 세입자와 소송까지 간 끝에 결국 2,000만 원의 위로금을 주고 조정 합의를 한 경우가 있었기 때문이다.

게다가 전월세 상한제를 대표 발의했다고 알려진 한 여당 의원은, 법 개정 직전에 막상 본인이 세를 준 집의 보증금을 월세로 전환하면서 임대료를 5% 초과해 올린 것으로 알려져 빈축을 샀다. 당초 보증금 3억 원, 월세 100만 원이던 이 아파트는 2020년 7월 3일 새로운 세입자와 계약하면서 보증금 1억 원, 월세 185만 원으로 가격표를 바꿨다. 당시는 전월세 전환율 4%가 적용되던 시점인데 이를 전세 가격으로 환산하면 6억 원 전세를 6억 5,500만 원으로 올린 것으로 약 9% 정도 인상한 셈이었다. 그런데 주택 임대차 보호법 시행령에 따라 2020년 9월부터 전월세 전환율도 2.5%로 바뀔 예정이었는데, 이를 기준으로 하면 인상률은 26%에 달했다.

법을 잘 알고 개정하는 입장인 국회의원이 막상 본인의 계약과 관련해서는 법의 테두리를 벗어난 행동을 하면서 "당시에는 해당 법이 통과되기 전이라서 문제가 없다"라고 해명하는 모습은 석연치 않은 인상을 남겼다. 본인이 발의한 법의 정신과 배치되는 무신경한 태도로 비쳤기 때문이다. 결국 그는 임대료를 낮춰 재계약했다고 알려졌지만, 갑자기 바뀐 법 때문에 난데없는 전세 고민을 하게 된 국민들의 마음을 달래기에는 역부족이었다.

43% 올라버린 전세 가격

갈등은 계속되고 있다. 한번 오른 전세 가격은 쉽게 떨어지지 않았다. 2021년 4월 서울의 아파트 평균 전세 가격은 6억 1,000만 원을 돌파했다. 이는 4년 전 평균 매매 가격을 넘어선 것이며 전세 가격 자체로도 43%나 상승한 것이다.

만약 굳이 임대차 3법이라는 무리수를 두어 가며 법 개정을 강행하지 않았다면 2020년 하반기에 이렇게 난데없는 전세 폭등이 일어났을까? 역사에 가정은 없고 어떤 결과가 일어났으리라고 짐작하기는 어렵다. 그러나 이미 올라버린 전세 가격이 집값을 떠받치는 또 하나의 동력이 돼 버렸다는 점은 부인할 수가 없다.

또한 한 가지는 분명해졌다. 그저 당위에 집착해 설익은 입법을 내세운다면 현실에서는 예상하지 못한 부작용과 피해가 생긴다는 것이다. 가뜩이나 제도가 나날이 복잡하고 어려워지는 가운데 이제는 전세 계약 하나 맺을 때도 조건과 상황에 따라 고민에 고민을 거듭해야 하고, 집주인과 세입자는 적이 됐으며, 서로 자신의 권리를 지키기 위해 내용 증명부터 보내고 보는 세상이 돼 버렸다.

원하는 집은
임대 주택이 아닌
평범한 아파트

많은 국민이 전세 문제로 한참 스트레스를 받고 있던 여름, 또 다른 국회의원이 황당한 발언을 했다.

"국민 누구나 월세 사는 세상이 다가오는 게 나쁜 현상이 아니다. 목돈을 마련하지 못한 저금리 시대 서민 입장에서는 월세가 전세보다 손쉬운 주택 임차 방법이며 정책과 상관없이 전세는 사라지고 월세로 전환되는 중"이라는 것이었다.

월세가 나쁜가? 나쁘지 않다. 아니, 전세보다 훨씬 편리하다. 전세는 집주인이 갑이지만 월세는 아니다. 서울 시내 아파트 임대차의 암묵적 룰이 무엇인가? 월세는 집주인이 도배해 주지만 전세는 그렇지 않다. 보일러 정도의 비싼 설비가 고장 난다면 모를까 수전같이 자잘한 물건은 세입자가 부담해서 고친다. 몇 억 원 되는 돈을 보증금으로 맡겨 놓았으나 별 권리는 없고, 오히려 만기 시점에 목돈 떼일지 몰라 걱정해야 한다. 반면 월세는 한 달만 밀려도 집주인이 아쉬운 처지가 된다.

그럼에도 우리는 왜 그렇게 전세에 집착하는가? 가장 큰 원인은 역시 이자율 차이다. 요즘 전세 대출 이율은 3%도 채 되지 않는다. 연리 2%대에 억 단위를 빌릴 수 있는 것이다. 2억 원을 빌리면 한 달 이자가 40만 원도 되지 않는다. 물론 이것은 임차인의 주거 안정을 도모한다는 정책적 지원이 포함됐기에 가능한 일이다.

반면 월세는 어떠한가? 원룸, 오피스텔도 기본 월세 50만 원에서 시작한다. 하다못해 대학가 하숙집도 그렇다. 그런데 2~3인 가구의 서울 시내 아파트 주거라면? 100만 원의 월세도 그리 대단치 않은 수준이다. 물론 집주인 입장에서 수익률이 그다지 높지 않기는 마찬가지다. 전세 4억 원을 전환해도 월세 100만 원을 받기 쉽지 않기 때문이다. 그러나 매달 고정적으로 지출되는 100만 원의 월세는 세입자에게는 대단한 지출이고 엄청난 부담일 수밖에 없다.

빚을 두려워하는 사람의 선택

월세와 전세의 주요한 차이를 하나 더 꼽는다면 바로 금융 대출의 경험 여부다. 만약 4억 원짜리 집을 임차했는데 한 명은 전세, 한 명은 월세에 산다면 전세 세입자는 1~2억 원을 대출받아 보았을 테고, 월세 세입자는 대출을 받아 보지 않았을 것이다. 금리가 똑같다는 전제라면 아무 차이가 없을 것 같지만, 이는 훗날 아주 큰 차이를 불러온다. 막상 집을 사기로 마음먹는 순간에 말이다.

2억 원을 대출해 본 사람은 어느 순간 이렇게 대출을 많이 받느니 그냥 집을 사겠다고 마음먹고 1~2억 원을 더 대출받아 자가 전환이 가능해진다. 그러나 월세를 살아 대출 경험이 없는 경우에는 갑자기 3~4억 원 장기 대출을 받겠다고 마음먹기가 거의 불가능하다. 평생 벌어도 갚지 못할 돈으로 여겨지는 데다 보증금 몇천만 원을 내 본 게 전부이니 집을 갖는 것이 남의 일처럼 여겨지기 때문이다. 설령 실질적으로 그 대출 이자보다 더 비싼 돈을 매달 월세로 내고 있었더라도 말이다.

젊을 때, 가진 자본이 충분치 않을 때 임차인으로 거주하는 것은 딱히 이상하거나 불행한 일이 아니다. 그리고 자본을 충분히 모은 후 그 돈으로 굳이 주택을 구매하지 않는 것도 존중받을 만한 일이다.

그러나 많은 경우 임차로 시작해 자가 주택을 갖추고 조금씩 집을 늘려 가는 것이 중산층에 진입하는 가장 빠른 길일 수 있다. 그때 이런 선택을 할 수 있는지 여부는 완전히 다른 결과를 불러올 것이다.

이미 LTV를 위시한 대출 규제가 가혹하리만큼 실수요자를 향한 상황에서 앞으로 주택 시장에서 월세 비중을 늘려 나가겠다는 정책 방향은 젊은이들에게 결코 유리할 수 없다. 전세 보증금 4~6억 원에 100~150만 원의 월세를 내고 살아야 하는 세상이 온다는 것인데, 거기에 젖어 안주하는 순간 인플레이션과 지가 상승이 정확히 맞물려 돌아가는 함정에 빠질 것이다.

내 월급이 올라도 월세가 오르니 달라질 게 없고, 집을 사자니 애초에 도저히 진입 불가능해서 매달 생활비만 충당하다 끝나는 것이다. 모든 자산은 과거 세대가 독점하고 젊은이들은 희망조차 가질 수 없는 것이 월세 세상의 정직한 단면이다.

나는 어떻게 하면 더 많은 국민이 안정적인 여건에서 장기적인 미래를 그려 갈 수 있을지 고민하는 것이 정책에 관여하고 법을 만드는 사람들의 당연한 책무라고 믿는다. 이왕이면 2년마다 전세 재계약 스트레스에 내몰리는 임차인들이 반듯한 내 집에서 마음 편히 살 수 있도록 도와주는 정책이 더 좋은 방향일 것이다.

국민 누구나 월세를 사는 세상. 아무리 선의로 바라보려 해도 대체 그것이 누구에게 좋다는 것인지 나는 알다가도 모르겠다.

집값 급등을 단기간에 해소하기 위해

정치인들의 상식은 우리와 다른 걸까? 의아한 일들은 계속됐다.

현실에서는 돈을 더 주고라도 내 집을 사고 싶어 하는 사람들의 수요가 계속 집값을 올리고 있는데, 나오는 대책의 방향은 거꾸로 공공 임대 주택에 쏠려 있었다. 아직 경제적 기반을 충분히 마련하지 못한 사회적 약자와 배려가 필요한 계층에 대한 주거 복지는 분명히 필요하고 국가가 일정 부분 감당해야 할 책임이다. 그런데 이것은 서울 시내 아파트 가격 상승과는 그다지 관련 없었다. 왜냐하면 청년이나 차상위 계층이 서울에서 아파트를 사지 못해서 문제가 되지는 않았기 때문이다.

정부가 공급하겠다는 임대 주택은 아이를 키우며 시내로 통근해야 하는 맞벌이 부부에게는 관심 밖이었다. 신혼부부 특별 공급마저 이런저런 기준으로 순위가 밀리고 가점이 모자라서 기대하기 힘든 형편에, 임대 주택이 얼마나 잘못된 판단이었는지는 설명할 필요가 없을 것이다.

그나마 공공 임대 주택의 기획과 공급이라도 제대로 이루어졌다면 나름대로 효과를 보았을 텐데 현실은 달랐다. 일단 임대 주택 건설을 위한 대규모 부지를 확보하기가 애초부터 어려웠다. 김수현 수석이 이야기한 것처럼 공공 임대 주택이 전체 주택 시장에서 차지하는 비중을 일정 수준 이상으로 끌어올리는 것에는 물리적 한계가 있다.

그런데 집값 급등에 대한 질타가 이어지자 단기간에 보여 줄 수 있는 다른 해법이 필요했고, 정치인들의 관심은 엉뚱하게도 코로나19로 폐업 위기에 몰린 시내의 소규모 호텔로 향했다. 어차피 관광객이 없어 망할 처지이니 차라리 방을 리모델링해 청년 임대 주택으로 제공하자는 것이었다. 구상 자체도 황당하지만 월세와 관리비, 서비스 요금이 턱없이 비싸다는 지적이 쏟아졌고, 당첨자 과반이 입주를 포기하는 상황마저 벌어졌다.

시내 한복판에 대규모로 지은 청년 행복 주택은 대부분의 호실이 높은 경쟁률을 나타냈지만, 이번에는 입주 방식이 문제였다. 1인 1실이라면 문제가 없었겠지만 타인과 공간을 공유해야 하는 셰어형은 미달 사태까지 벌어졌다. 누군가와 함께 살아야 하는데 본인이 룸메이트를 구해서 들어가는 것은 안 되고, 청약자 중 기계적 전산 추첨에 의해 룸메이트가 배정되니 수요자들이 지원하지 않았다. 아예 다인실로 집을 꾸미고 입주자들이 거실과 주방을 공유하자는 아이디어나 독거노인과 청년이 상생하는 주택을 만들자는 이야기까지 나왔지만 이는 젊은 세대의 의사와 완전히 무관한 정치인들의 물정 모르는 이야기일 뿐이었다.

3기 신도시에도 임대 주택 비율을 높여 절반 가까이 할당하겠다는 이야기가 연일 나오고 있다. 공공 분양까지를 합치면 민간 분양 물량은 40%도 채 되지 않을 것으로 전망된다. 그러나 거듭 지적하지만 이러한 '공공'이 향하는 방향은 서울과 수도권에서 자기 돈 주고 집을 사겠다는, 일정한 지불 용의를 갖춘 중산층 지망생들에게는 완전히 동떨어진 이야기다. 정당한 분양가를 내고 집을 사고 싶어도 가점에서 밀려서 기회를 찾을 수 없는 마당에, 충분한 자본 여력과 맞벌이 소득을 가진 부부가 거꾸로 사회적 배려가 필요함을 증명해 공공 임대 주택 공급에서 우선순위를 얻는다는 것은 애초에 가능한 일이 아니기 때문이다.

규제의 역설

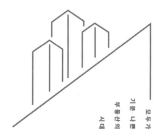

결국 공급은 충분하지 않았다. 서울 시내에 아파트를 짓기란 너무 어려운 일이었다. 더군다나 집값이 폭등하는 상황에서 재건축 규제를 풀어 적극적으로 추진하기에도 부담이 있었다. 고가 주택은 더욱 비싼 집이 되고, 그곳에 입주할 자격을 얻는 사람은 서울 시내에서도 극소수일 것이며, 이는 대부분의 사람에게 위화감을 조성할 것이라는 정치적 우려 때문이었다.

서울이 안 되면 신도시라도 빨리 추진되면 좋겠지만 현실은 달랐다. 3기 신도시의 그림이 나온 것은 2018년 12월에 들어서였고, 2021년이 되도록 토지 보상조차 제대로 이루어지지 않고 있기 때문이다.

그럼에도 국토교통부가 "공급은 충분하다"라는 입장을 뒤집기까지 너무 오랜 시간이 걸렸다. 2020년 11월, 국회에서 열린 국토교통위원회에서 김현미 장관은 "2021년과 2022년 아파트 공급 물량이 줄어드는데 그 이유는 5년 전에 아파트 인허가 물량이 대폭 줄었고 공공 택지도 상당히 많이 취소됐기 때문"이라고 설명하면서 "아파트가 빵이라면 제가 밤을 새워서라도 만들겠다"라고 언급했다.

전 국민이 주거 문제로 골치를 썩는 마당에 '빵' 운운한 것도 안타깝지만 더 큰 문제는 현재의 주택 수급 불안을 과거의 원인 탓으로 돌리려는 태도였다. 2017년의 8.2 대책에서는 "서울과 수도권의 공급은 안정적인 편이며 지난 5년, 10년 평균에 비해서도 부족하지 않지만 투기 수요가 늘어나서 주택 시장 불안이 발생한다"라고 진단했다. 잘못된 현실 인식이었으나 이 시각에 근거해 주택 공급에 별다른 노력을 하지 않았다. 이제 대한민국에서 민간이 주도해 아파트를 지을 수 있는 방법은 사실상 막혔고, 재건축과 재개발이 각종 규제로 불가능하다. 그런 상황에서 택지는 LH만 독점적으로 공급할 수 있는데 3기 신도시마저 차일피일 미뤄지고 있으니 공급이 솟아날 방법은 없었던 것이다.

보고 싶은 데이터만 보고, 듣고 싶은 이야기만 듣는 듯한 태도도 큰 문제였다. 김현미 장관은 2020년 7월 국회에서 "현 정부 이후 서울 시내 집값은 11%, 아파트 값은 14% 올랐다"라고 언급해 빈축을 샀다. 누가 봐도 집값이 많이 오른 것은 명백한 사실인데 여전히 잘못된 숫자에 기초해 정책에는 문제가 없었다는 식의 자기방어에 열중했기 때문이다. 당시 국토교통부는 해명 과정에서 "한국감정원의 매매 가격 지수 자료를 인용했을 뿐이며 고가 주택 거래가 집중되고 중저가 주택 거래가 부진하면 상승률이 부풀려질 수 있다"라고 이야기했는데, 이는 민간에서 주로 신뢰하는 KB국민은행의 자료가 호가 중심이라서 실제 집값 상승보다 현실을 과장해서 반영하고 있으며, 이는 대출을 최대한 많이 내주려는 은행의 입장이 반영된 것이라는 장관의 발언 내용과 일치하는 것이었다.

그러나 이것은 터무니없는 억측이었다. 한국감정원에서 실시한 전국 주택 가격 동향 조사에 따르면 서울 아파트 평균 매매가는 현 정부 이후 52.9%, 중위 매매가는 57.6% 상승했다. 이는 KB국민은행의 통계(52%)와 큰 차이가 없었다.

오죽하면 KB국민은행에서 매매·전세 거래 지수 통계 제공을 중단하겠다고 밝혔다가 번복하기도 했다. 이는 2003년부터 주 단위로 누적된 데이터라 통계적 활용 가치가 큰데, 한국감정원이 서울 집값 상승률을 9주 연속 0.01%로 발표하자 조사 기관으로서 부담을 느낀 것은 아닌가 하는 이야기까지 돌았다.

부동산 정책이 나올 때마다 오른 집값

시장을 훈계하는 듯한 태도도 문제였다. 많은 국민에게 집이란 전 재산을 좌우하는 큰 결정이자 고민이다. 그렇기 때문에 누가 뭐라 하지 않아도 치열하게 고민하고 최선의 대안을 찾으려는 마음으로 접근한다. 그런데 장관은 2020년 8월 국회 교통위원회에서 "법인과 다주택자 등이 보유한 주택 매물이 많이 거래됐는데 이 물건을 30대가 영끌로(영혼까지 끌어 모아서) 받아 주는 양상"이라며 "30대가 영끌해서 샀다는 데 대해 안타까움을 느낀다"라고 말했다.

사회생활 선배로서 개인적인 소회를 가질 수는 있다 해도 주택 정책을 총괄하는 공직자로서는 부적절한 발언이었다. 이미 2017년 8월부터 장관은 계속해서 "집 사지 말고 기다려라"라는 입장을 거듭 밝혀 왔다. 하지만 그때마다 집값은 올랐고 장관의 말을 들은 사람들만 좌절했다.

장관은 본인이 할 일을 하면 된다. 양질의 주거 공급을 늘리고 주거 수준을 상향 평준화해서 국민이 좀 더 쾌적하고 안정적으로 생활할 수 있도록 소임을 다하는 것 말이다. 집값의 등락에 집착하며 "기다려라", "영끌 하지 마라"를 외치는 것이 국토교통부 장관의 본업은 아니다. 여의도 증권가의 애널리스트도 기업의 펀더멘털과 향후의 중장기 실적 전망을 이야기하지 허깨비 잡듯 "사라", "팔아라" 하지 않는다. 하물며 온 국민의 집 문제였다.

결국 김현미 장관은 2020년 12월 최장수 국토교통부 장관이라는 기록을 세우고 자리에서 물러났다. 2017년 6월 23일 취임 이후 3년 6개월 만이었다. 무려 24차례의 부동산 대책을 내놓고 규제와 공급을 모두 살폈지만, 집값은 끊임없이 오르고 전세와 월세마저 오른 것이 냉정한 현실이었다.

김현미 장관 개인을 탓하자는 것이 아니다. 나름의 선의가 왜 없었겠는가? 다만 앞으로 같은 실수는 반복하지 말자는 것이다. 국토교통부는 데이터 앞에서 솔직하지 못했고, 겸허하지 않았으며, 주장하고자 하는 바를 위해 숫자들을 억지로 가져다 쓰는 태도를 고집했다. 그래서 현상을 균형 있게 바라볼 수 없었고, 잘못된 현실 인식 위에 세워진 대책들은 나올 때마다 엉뚱한 곳을 짚었다. 이런 일이 반복되자 나중에는 어떤 규제가 나와도 사람들이 냉소했다.

아파트가 빵이라면 과연 달랐을까? 빵은 충분하다는데 한쪽에서는 먹을 빵을 구하지 못해 아우성이고, 다른 한쪽에서는 기껏 만든 빵을 제대로 유통하지 못해 썩히지는 않았을까? "빵이 없으면 고기를 먹으라"라는 마리 앙투아네트의 말처럼 그냥 월세를 살면 그만이었을까?

장관은 떠났지만 세상은 여전히 그대로다. 문제들이 해결되

188

지 않은 채로. 그리고 대통령 임기가 1년여 남아 있다. 이제라도 새로운 접근과 해결책이 필요한 시점이다.

4

앞으로의
부동산

3기 신도시 청약,
기다려도 될까?

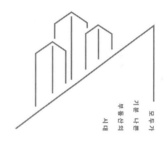

2020년 12월 4일, 변창흠 당시 LH 사장이 국토교통부 장관으로 지명됐다.

새로운 장관의 취임은 국토교통부의 정책 노선에 상당한 변화를 예고했다. 본래 경제학과 도시계획학을 공부하고 부동산 정책 분야에서 활동하던 그는 SH공사 사장과 LH공사 사장을 역임한 공급 전문가였다. 그는 "공급에는 매우 다양한 방법이 있다"라며 현장에서 주택 공급을 해 온 경력을 살려 시장 불안감을 조기에 잠재울 것이라는 포부를 밝혔다.

공급을 바라보는 관점에도 상당한 변화가 있어 "공급은 충분하지만 투기 수요가 문제"라는 시각에서 벗어났다. 2021년 2월 4일 발표된 2.4 대책은 서문에서 "많은 국민이 직주 근접성이 우수한 대도심 내에서 양질의 부담 가능한 주택에 거주하기를 희망한다"라며 "주택 시장 안정을 위해서는 국민들이 원하는 입지와 유형의 주택을 도심 내에 공급할 수 있는 획기적 공급 방안이 시급하다"라고 밝혔다.

사실이 그랬다. 서울 시내에 주택이 공급되지 않는 것은 결국 정책 결정권자의 문제이기도 했다. 가령 십수 년간 재건축 사업이 이루어지지지 않은 잠실주공5단지가 그렇다. 이 아파트는 1978년에 준공해 이미 노후화됐고, 주민들의 재건축 추진 의지도 강했다. 그러나 서울시에서는 이런저런 이유로 재건축 심의를 통과시켜 주지 않고 국제 공모 설계안을 가져와라, 한 동을 보존하라 같은 요구를 하며 발목을 잡아 왔다. 지금은 아예 토지 거래 허가제[9] 대상 지역으로 묶여 있어 재건축 진행은 기약이 없는데, 현재 3,930세대인 이 단지가 재건축되면 6,000세대 이상으로 늘어날 것으로 예상된다. 당국의 결정에 따라 2,000세대 이상의 순증이 가능하다는 의미다. 다른 재건축 단지들도 사정

---

9 토지의 투기적 거래가 성행하거나 지가(地價)가 급격히 상승하는 지역 또는 그러한 우려가 있는 지역을 토지 거래 계약에 관한 허가 구역으로 지정해 계약 전에 허가받고 거래하도록 하는 제도.

은 크게 다르지 않아서 이른바 안전 진단 결과 건물의 안전이 우려된다는 불합격 판정을 받아야만 사업 진행이 가능했는데, 따라서 소유자들은 'D 등급 이하'를 받기만을 학수고대하는 황당한 상황이 이어지고 있었다.

재개발 사업도 마찬가지였다. 복잡하게 얽혀 있는 소유주 간의 이해관계를 조정하기란 어려운 일이지만, 역세권 저밀도 개발지에 대해 용적률을 완화해 주고 고밀 개발을 선언한다면 상황은 달라질 수 있다. 정책의 우선순위에 대한 판단의 문제는 있겠으나 적어도 공급을 우선순위에 놓는다면 걸림돌을 풀 수 있는 행정적 장치들은 분명히 존재한다. 이 대목에서 국토교통부는 공공 주도로 다양한 이해관계를 책임지고 조율하겠다는 목표를 선언했다.

3기 신도시에도 속도전이 필요했다. 이른 시간 내에 충분한 공급이 이루어질 것이라는 확신을 시장에 줘야 사람들의 매수 심리를 달랠 수 있었기 때문이다. 지구 지정과 토지 보상을 빠르게 마치고, 사전 분양이라도 해서 일이 진행되는 모습을 보여 줘야 했다. 이 때문에 택지 공급을 담당하는 LH의 역할이 그 어느 때보다 중요했고, 직전까지 LH 사장으로 일한 변창흠 장관에 대한 기대가 높았다.

부동산 적폐가 LH였다니

그런데 사건은 엉뚱한 곳에서 터졌다. 바로 LH에서 일하는 직원들이 신도시 개발 예정 부지에 미리 땅을 사고, 보상 단가를 높이기 위해 온갖 희귀종 나무를 빼곡히 심기까지 했다는 보도가 나왔기 때문이다.

이는 어떻게 보아도 편들어 주거나 용서하기 어려운 범죄 행위였다. 태생적으로 LH는 토지 조성과 주택 개발을 하는 공기업인데, 기관의 공적 성격을 배제해도 해당 기관에 종사하는 직원이 본인 업무와 관련된 정보를 활용해 사익을 취한 것은 명백한 잘못이었다. 만약 민간 건설사에 다니는 직원이 아파트 개발 예정 부지에 땅을 사서 알 박기를 했다면 납득할 수 있겠는가?

게다가 개발 계획에 영향력을 행사할 수 있는 직위의 직원들이 이러한 선취매에 가담했다면 이야기는 더욱 심각해졌다. 땅은 쉬이 옮길 수 없다. 그렇기에 '부동산'이다. 개발 계획을 수립할 때 그 경계를 어디로 하느냐에 따라 가치에 상당한 영향을 미칠 수 있는데, 자기 땅을 두고 객관적 결정을 내리기가 가능할까?

가뜩이나 수도권 각지에서 3기 신도시의 토지 보상 방식에 불만을 제기하는 상황이었다. 창릉, 대장, 왕숙 등 개발 예정지 인근을 지나다 보면 길가에서 정부 보상안에 반발하는 플래카드를 흔히 볼 수 있었다. 그간 그린벨트로 묶여 제대로 권리를 행사하지 못한 땅이 이제 신도시로 개발되게 됐는데, 보상 가격은 그동안 낮게 잡혀 있던 공시 가격을 기준으로 하고 그에 대한 양도 소득세까지 내라니 "땅 팔아 30평대 아파트 하나 못 받겠다"라는 이야기가 나오는 마당이었다. 그렇다고 땅값을 높게 쳐 주면 토지 비용이 올라가 3기 신도시 분양가에도 영향을 주고, 막대하게 풀린 토지 보상비가 다시 주택 시장으로 흘러들어 시장 불안을 조성하는 요소가 될 터였다. 이 문제는 원래부터 풀기 어려운 갈등 지점이었다.

그런 상황에서 LH 직원들이 땅을 사고 셀프 보상을 받으려 시도했다는 소식이 들리니 국민들의 배신감과 실망감은 어마어마했다.

정부는 관련 기관에 대한 대대적인 조사에 나섰다. 이에 위기를 느낀 LH의 고위 임원이 극단적 선택을 하는 일까지 있었다. 투기에 가담했다고 의심되는 20여 명의 직원이 1차로 확인됐고, 지자체 공무원과 SH로 수사가 확대됐다. LH 직원 등에게 공직자에 준하는 수준으로 재산 등록을 의무화하는 방안도 나왔다. 오죽하면 대통령이 직접 나서서 부동산 적폐 청산을 이야기할 정도였다. 2021년 6월까지 500명이 넘는 공직자들이 검찰에 송치됐고, 구속 수사 대상도 20명에 달한다. 국회의원들에 대한 부동산 투기 의혹 전수 조사까지 이어지면서 상황은 정치적 공방으로 전개되고 있다.

실수요자들에 대한 희망 고문

그런데 역설적으로 수사 확대가 3기 신도시 공급 계획을 가로막는 걸림돌이 되고 말았다. 2021년 5월까지 인천 계양과 하남 교산에서 절반 정도만 토지 보상이 이루어졌을 뿐이고 나머지 신도시에서는 아직 제대로 시작되지도 않은 상황이다. 이렇게 된 이상 일단 땅 투기 의심자가 없는지 낱낱이 살펴본 후에나 완전한 토지 보상이 가능할 테고 그러려면 시간이 필요할 것이다. 게다가 배우자나 가족 명의로 차명 투기를 했다면 이를 확인하는 데는 더 많은 시간이 필요하다. 대통령 임기가 후반으로 접어들고, 가뜩이나 속도가 필요한 시점에 전혀 예상치 않은 복병을 만난 것이다.

3기 신도시의 본청약은 2023년 하반기 이후로 예정돼 있다. 그러나 앞으로 2년 가까이 더 기다려야 한다면 현재의 수급 불안을 해소할 수 없기 때문에 2021년 하반기부터 사전 청약을 받겠다고 한다. 이는 본청약 전에 일부 물량을 선예약받고 당첨자를 사전에 내정하겠다는 의미인데, 실제로 언제 입주할지 모르는 상황에서 실수요자들을 묶어 놓기 위해서다. 일단 사전 청약에 당첨되면 입주까지 무주택 요건 등을 유지해야 하고 이를 어기면 청약 당첨이 취소될 테니 적어도 매수에 동참하지는 않을 것이라는 계산이다.

2021년 청약 추진 일정

	지구명	공급 물량 (신혼희망타운)		지구명	공급 물량 (신혼희망타운)
1차 (7월)	인천 계양	1.1(0.3)	3차 (11월)	하남 교산	1.0
	남양주 진접2	1.6(0.4)		시흥 하중	0.7(0.7)
	성남 복정1	1.0(0.4)		양주 회천	0.8
	의왕 청계2	0.3(0.3)		과천 주암	1.5(1.4)
	위례	0.4(0.4)	4차 (12월)	남양주 왕숙	2.3(0.7)
2차 (10월)	남양주 왕숙2	1.4		부천 대장	1.9(1.0)
	성남 신촌	0.3		고양 창릉	1.7(0.6)
	성남 낙생	0.9(0.9)		부천 역곡	0.9(0.9)
	성남 복정2	0.6(0.6)		시흥 거모	1.3(0.8)
	의정부 우정	1.0		안산 장상	1.0(0.3)
	군포 대야미	1.0(1.0)		안산 신길2	1.4(0.6)
	의왕 월암	0.8(0.8)		동작구 수방사	0.2(0.2)
	수원 당수	0.5(0.5)		구리 갈매 역세권	1.1(1.1)
	부천 원종	0.4(0.4)		고양 장항	0.8
	인천 검단	1.2			
	파주 운정3	1.2			

(단위: 천 호)

그런데 토지 보상 절차부터 지연되고 입주 시기도 아무리 빨라야 2025년 이후로 예상된다면 실수요자로서 3기 신도시에 계속 기대를 갖고 기다리는 것이 현실적인 해결책일까? 실제로 2010년 사전 청약을 받은 보금자리 주택은 본청약이 수년씩 밀려서 남양주 진건 지구의 경우 2015년 4월 본청약, 2017년 말 입주, 하남 감일 지구는 2018년 말 본청약, 입주는 2021년 말에나 예정돼 있을 정도다. 그 기간 동안 부동산 시장에 얼마나 많은 변화가 있었는지는 다시 설명할 필요가 없을 것이다. 그래서 사전 청약자 1만 3,398명 중 실제로 공급받은 사람은 5,512명에 불과하고 당첨을 포기한 사람이 7,886명에 달했다.

과거 보금자리 주택 사전 청약 지연 현황

블록	사전 청약	본청약	입주
남양주 진건 B2		2015년 4월	2017년 12월
남양주 진건 B4		2015년 4월	2018년 1월
시흥 은계 S4		2018년 5월	2020년 12월
하남 감일 A4	2010년	2017년 10월	2020년 3월
하남 감일 B1		2020년 7월	2021년 5월
하남 감일 B3		2018년 12월	2021년 10월
하남 감일 B4		2018년 12월	2021년 10월

게다가 사전 청약은 전체 물량의 절반을 신혼 희망 타운으로 배정하고 신혼부부, 예비 신혼부부, 한 부모 가족에 우선권을 준다는데 마찬가지로 가구 소득이 적고 자녀가 많아야 높은 가점을 받을 수 있다. 막상 집을 사려고 바쁘게 움직이는 실수요자들

은 경제력이 어느 정도 뒷받침되는 사람들인데, 또다시 까다로운 요건들로 경쟁에서 밀린다면 이는 앞뒤가 맞지 않는 것이었다. 지금 사전 청약을 하는 신혼부부가 실제 입주 가능한 시점에도 여전히 신혼부부로 남아 있을까?

여러 의문에도 불구하고 희망 고문은 계속되고 있다. 이렇게라도 매수 심리를 잡아 두지 않으면 이제 수도권 전역에서 집값 불안을 걷잡을 수 없을 것이기 때문이다.

그러나 허탈하다. 실수요자를 보호하고 투기 수요를 억제하겠다던 정책의 취지와 목표는 결국 실수요자의 매수 심리를 최대한 눌러 놓고 언제가 될지 모르는 신도시 대책으로 갈음됐을 뿐이다. 처음부터 조금 더 솔직했다면, 그래서 임기 초부터 선명한 공급 대안들이 병행됐다면 지금쯤 가시적인 성과를 보일 수도 있었을 텐데 하는 아쉬움이 가시지 않는다.

대규모 물량 공급에
대한 기대감

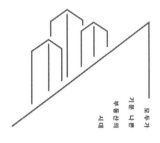

공공이 시장을 주도하는 가운데 서울 시내 재개발 방안들도 나왔다. 2020년 8월 4일, '서울권역 등 수도권 주택 공급 확대 방안'이라는 거창한 제목의 대책이 또 등장했다. 서울 권역을 중심으로 주택 13만 2,000호+α를 추가 공급하고, 군 부지, 이전 기관 부지 등 신규 택지를 최대한 발굴하겠다는 내용이었다. 이미 5월 6일 공공 재개발 활성화, 유휴 부지 개발 등을 통해 서울 시내에만 7만 호의 공급 대책이 나온 이래 3개월 만의 보충 발표였다.

아예 수도권에는 3기 신도시 등을 통한 공공 택지 77만 호, 5.6 대책에서 기발표한 7만 호, 수도권 내 정비 사업을 통한 30

만 호, 8.4 대책을 통한 13만 호를 더해 127만 호를 공급하겠다는 야심찬 목표도 등장했다.

신규 택지 발굴과 관련된 내용이 가장 논란이 됐다. 어차피 서울 시내에는 대부분의 땅이 낮든 높든 개발돼 있어서 새로 땅을 구하기 어려운데, 정부 기관 등이 위치한 시설을 이전하고 거기에 아파트를 공급하겠다는 것이었다.

서울권역 등 수도권 주택 공급 확대 방안 총괄표

구분	과제		호 수(만 호)
	합계		13.2+α
	① 태릉 CC(서울 노원)		1.00
	② 용산 캠프킴(서울 용산)		0.31
	③ 정부 과천 청사 일대(경기 과천)		0.40
	④ 서울지방조달청(서울 서초)		0.10
	⑤ 국립 외교원 유휴 부지(서울 서초)		0.06
	⑥ 서부 면허 시험장(서울 마포)		0.35
1. 신규 택지 발굴 (3.3만 호)	⑦ 노후 우체국 복합 개발(수도권 일대)		0.10
	⑧ 공공 기관 유휴 부지 활용 등 17곳		
	❶ LH 서울 지역 본부(0.02)	❽ 상암 자동차 검사소(0.04)	
	❷ 상암 DMC 미매각 부지(0.20)	❾ 상암 견인 차량 보관소(0.03)	
	❸ SH 마곡 미매각 부지(0.12)	❿ 구로 시립 도서관(0.03)	
	❹ 면목 행정 복합 타운(0.10)	⓫ 흑석 유수지 부지(0.02)	0.94
	❺ 문정 미매각 부지(0.06)	⓬ 거여 공공 공지(0.02)	
	❻ 천왕 미매각 부지(0.04)	⓭ 감정원, 일자리 연계 행복 주택 등(0.04)	
	❼ LH 여의도 부지(0.03)	⓮ 미공개 부지(0.19)	

구분	과제	호 수(만 호)
2. 용적률 상향 및 고밀화 (2.4만 호)	① 3기 신도시 용적률 상향	2.00
	② 기존 도심 내 개발 예정 부지(서울의료원, 용산 정비창) 공급 확대	0.42
3. 정비 사업 공공성 강화 (7.0만 호)	① 재건축: 공공 참여형 고밀 재건축 도입	5.00
	② 공공 재개발: 정비 구역 해제 지역 등에도 재개발 사업 허용	2.00
4. 도시 규제 완화 등 (0.5만 호+α)	① 노후 공공 임대 재정비	0.30
	② 공실 등 유휴 공간을 활용하여 주거 공급 확대	0.20
	③ 도심 고밀 개발을 위한 도시 계획 수립 기준 완화 등	+α

가장 먼저 물망에 오른 곳은 태릉 골프장이었다. 서울의 최외 곽이지만 지하철과 닿아 있고 부지가 제법 넓어 1만 호 이상 공 급할 수 있다는 것이었다. 정부 과천 청사와 용산 캠프킴, 서부 면허 시험장 등도 후보에 올랐다.

그런데 또다시 삐걱거리는 소리가 들리기 시작했다. 우선 국 방부가 "공공 주택 지구 지정 제안 관련 협의가 접수된 사항은 없다"라고 선을 그었다. 지자체들도 난색을 표했다. 노원구청은 "태릉 골프장은 세계 유네스코 문화유산 태·강릉과 인접한 개 발 제한 구역으로 미래 세대를 위해 보존해야 한다"라며 반대 의사를 나타냈다. 과천 시장도 대책 발표 당일 성명을 내고 "정 부 청사 부지에 주택을 짓는 것은 난개발"이라며 수용할 수 없 다는 입장을 냈다. 마포가 지역구인 여당 의원마저 "임대 비율

47%인 상암동에 또 임대 주택을 지어야 하냐"라며 대책이 사전 협의 없이 일방적으로 발표됐다고 지적했다. 여당 인사들마저 반발에 나선 것은 지역 주민들의 반대가 극심했기 때문이다.

이 같은 분위기에서 태릉과 과천, 캠프킴 어느 곳에서도 개발이 시작됐다는 소식은 아직 들리지 않는다. 사람들의 머릿속에 '태릉 골프장 개발'이라는 인상은 확실하게 각인됐으나, 흐지부지 잊히며 시간만 지나갈 뿐이다. 심지어 과천 정부 청사 부지의 주택 개발 계획은 2021년 6월 아예 백지화됐다.

"백지 신탁을 하세요"

서울 시내 그린벨트 해제를 놓고도 격론이 오갔다. 애초부터 국토교통부는 그린벨트를 풀어서라도 공급을 늘리겠다는 메시지를 주고 싶었던 것 같다. 그러나 서울의 그린벨트는 사실상 모두 산이라 개발 가능한 부지는 없다시피 한 실정이고, 그 효과 자체가 의심됐다. 2020년 7월 14일 경제부총리가 언론과의 인터뷰에서 그린벨트 해제 가능성을 언급하자 바로 다음 날 아침 국토교통부 차관이 이를 부인했고, 오후 2시 기획재정부가 입장을 번복하는 보도 자료를 낸 직후 국토교통부에서 또다시 "도시 주변 그린벨트의 활용 가능성 여부에 대해서도 진지한 논의를 해 나갈 것"이라며 기재부의 체면을 살려 주는 보도 자료를 내는 촌극마저 벌어졌다. 하지만 서울시의 반대 입장이 강경해 이 문제역시 아무런 결론 없이 표류하고 있다.

새로운 땅을 구할 수 없다면 결국 기존의 저밀 주거 지역을고밀도로 개발하는 수밖에 없다. 8.4 대책에는 공공 공급 방안이담겼는데 재건축이나 재개발 같은 정비 사업에 LH·SH가 참여하고, 도시 규제를 완화해 기존 대비 두 배 이상의 주택을 공급하고 개발 이익은 기부 채납으로 환수하겠다는 것이었다.

이러한 사업을 추진하려면 소유자 3분의 2의 동의가 필요했는데, 일단 동의를 받아 오면 기부 채납 비율이나 용적률 상향정도는 별도의 기준을 정하겠다는 것이었다.

공공 참여형 고밀 재건축 시 기부 채납

기존 재건축

용적률 (200%→300%)	배분 구조
+50%	기부 채납 1/2: 50호(임대)
	일반 분양 1/2: 50호
250%	조합원 및 일반 분양: 500호

당초 500호 → 기존 재건축 600호
 ↳ 조합원+일반 분양 550호
   기부 채납(임대) 50호

공공 참여형 고밀 재건축

용적률 (250%→500%)	배분 구조
+250%	기부 채납(임대 1/4): 125호
	기부 채납(분양 1/4): 125호
	일반 분양 1/2: 250호
250%	조합원 및 일반 분양: 500호

당초 500호 → 공공 참여형 고밀 재건축 1,000호
 ↳ 조합원+일반 분양 750호
   기부 채납(임대) 125호
   기부 채납(분양) 125호

(증가 용적률의 50~70%를 기부 채납으로 환수 조건)

용적률이 증가하는 만큼 일반 분양 수익이 늘어날 테니 사업성이 개선될 것이라는 기대는 할 수 있지만, 정확한 비율이 정해지지 않은 안을 믿고 일단 도장부터 찍으라는 것은 사실상 백지신탁을 요구하는 것으로 비쳐졌다. 가뜩이나 정비 사업은 분양가 상한제와 재건축 초과 이익 환수제 등으로 인해 진도가 나가지 못하는 상황이었으며, 정부나 지자체가 요구하는 조건을 다 맞춰도 사업 추진이 계속 미뤄지는 잠실주공5단지 같은 사례도 있었다. 특히 부동산 정책은 스무 차례 이상 이어진 대책과 보완 대책들 때문에 일관성을 신뢰하기 어려웠으니, 그렇지 않아도 오랜 시일이 소요되는 소유자 3분의 2의 동의를 얻기는 달성하기 쉽지 않은 일이었다.

20만 호 공급이 집중될 서울

2021년 1월 15일 발표된 공공 재개발 시범 사업 후보지는 여덟 곳으로, 흑석, 양평, 미아, 봉천 일대의 역세권 부지였다. 이 계획에 따르면 기존의 1,704가구가 재개발 완료 후에 4,763가구로 늘어 약 3,000호의 추가 공급이 가능할 것으로 예상됐다. 그런데 이 같은 계획이 발표되자 반사 이익을 노리고 다시 역세권 중심의 빌라 매매가 급증했다.

미꾸라지는 어디에나 있고 일정한 보완이 필요했다. 2.4 대책에서는 이날 이후 사업 구역 내에서 신규 매입한 주택은 공공 재개발이 확정돼도 입주권을 부여하지 않고 강제 현금 청산을 하겠다는 강경한 수를 두었다. 그러면서 공공 개발 참여에 따르는 인센티브를 좀 더 강하게 제시했다. 상세한 용적률 상향이나 기부 채납 비율 등은 구역별로 따져 봐야겠지만, 토지 소유자에게 기존 대비 10~30%p 높은 수익률을 보장하고 아파트·상가 우선 공급을 보장하겠다고 했다. 이는 SH와 LH를 모두 거친 변창흠 장관이 주도했기에 가능한 발표였는데, 실제 정비 사업이 작동하는 방식을 알고 '선수의 감'으로서 대상 후보지 소유주들에게 던지는 메시지였다고 봐야 할 것이다.

이를 통해 2025년까지 서울에만 32만 호, 수도권에서 61만 6,000호를 공급할 수 있는 부지를 확보하겠다는 계획이었다. 여기에서도 2025년까지는 실제로 공급이 가능하지 않고 부지 확보까지가 목표였다는 점에 유의해야 한다. 정비 사업은 이해관계자가 워낙 많고, 단시일 내에 결과를 도출하기 어렵다. 하지만 대규모 물량이 오래지 않아 공급될 수 있다는 돌파구를 제시해 매수 대기자들에게 심리적 안정을 주겠다는 복안이었다.

그런데 LH 사태의 불똥이 변창흠 장관에게 튀며 이 계획은 동력을 상당히 상실했다. 그로서는 직전까지 LH 사장을 지낸 터라 땅 투기 사태에 대한 책임을 피하기 어려웠다. 2021년 3월,

장관이 사의를 밝혔으나 대통령이 이를 반려했다. 2.4 대책의 윤곽이 나올 때까지는 시한부로 유임하라는 것이었다.

2021년 4월, 변창흠 장관이 떠나고 노형욱 전 국무 조정 실장이 신임 장관으로 지명됐다. 국토교통부는 공공 개발 전담 조직을 신설하고 공급 대책을 이어 나가기 위한 채비에 나섰다. 공공 개발 후보지는 3차까지 발표됐고, 전체 415개 후보지 중 서울 시내 대상지는 315곳에 달했다. 예상 공급 호수 21만 7,000호 중 사실상 대부분이 서울에 집중됐다.

그러나 여전히 갈 길이 멀다. 지금 확보했다는 20만 호가 많아 보이지만, 실제로는 5년 이후에나 주택 공급이 가능하다. 이 물량이 전부 개발된다고 해도 수년간 순차적으로 들어설 테니 1년에 기여 가능한 물량은 다시 3~4만 호 수준일 것이다. 민간이 자체적으로 추진하는 것 대비 공공 개발이 용적률 등에서 특례를 받는 상황에서는 앞으로 서울 시내 재개발 물량은 이것이 전부일 가능성이 높다. 그나마 그 모두가 문제없이 진행된다는 보장도 없다. 특단의 대책을 통해 짜낸 일들이지만 이 정도의 물량은 주택 수급의 균형을 위해 지속적으로 이루어져야 하는 최소한의 규모인 것이다.

지분 적립형 주택?
지분 적립형 무주택

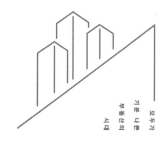

너도나도 부동산으로 한몫 잡고 싶어 하는 과열 속에서 과도한
대출에 기대 막대한 차익을 얻는 행위를 견제하는 것은 당연한
일이었다. 대출 규제는 앞으로 더욱 엄격해질 것으로 예고됐다.
바로 DSR을 통해서였다.

기존의 LTV는 집값 대비 얼마만큼의 돈을 빌릴지 측정하는
것이었으니 담보 가치만 감안하고 차주의 소득이나 상환 능력은
고려하지 않았다. 이를 보완하기 위해 DTI가 같이 도입됐는데,
이는 주택 대출 원리금과 신용 대출의 이자 금액을 연소득으로
나눈 것이어서 신용 대출로 LTV와 DTI를 다소 회피할 수 있다

는 허점이 있었다.

가령 연봉 7,000만 원을 받는 사람이 9억 원짜리 집을 사면서 30년 원리금 상환으로 40% 대출을 받고, 신용 대출로 1억 원을 빌렸다고 해 보자. 금리가 3%라고 가정할 때 담보 대출의 월 상환 금액은 151만 원(연 1,821만 원), 신용 대출의 월 이자는 25만 원(연 300만 원)이다. 이 경우 DTI 계산에 따르는 연간 상환 금액은 2,121만 원으로 연봉의 30% 수준이 된다.

그런데 DSR을 계산하면 상황이 달라진다. 신용 대출의 이자만 반영하는 DTI와 달리 DSR은 신용 대출의 원금까지 감안한다. 대개 1년 단위로 연장하는 신용 대출의 특성상 원금 상환을 몇 년으로 볼지가 쟁점인데 신용 대출은 10년을 기준으로 보고 있다.

차주 단위 DSR 단계적 확대 도입 계획

	현행	1단계 (2021년 7월)	2단계 (2022년 7월)	3단계 (2023년 7월)
주택 담보 대출	투기 지역, 투기 과열 지구 9억 원 초과 주택	전 규제 지역 내 6억 원 초과 주택	총 대출액 2억 원 초과	총 대출액 1억 원 초과
신용 대출	연소득 8,000만 원 초과이면서 1억 원 넘는 신용 대출을 받는 경우	1억 원 초과 신용 대출		

(출처: 금융위원회, 금융감독원)

DSR에 따르는 연간 상환 금액은 담보 대출 1,821만 원, 신용 대출 1,300만 원으로 총 3,121만 원인데, 이렇게 되면 연봉의 44%라 규제 대상이 된다. 2021년 7월 1일부터 서울 등 규제 지역에서 6억 원 넘는 집에 대해 담보 대출을 받거나, 1억 원 이상 신용 대출을 받을 경우 DSR 40% 제한이 적용될 예정이기 때문이다.

2023년까지 DSR 적용 범위는 더욱 늘어나고, 신용 대출의 상환을 10년으로 가정하는 현재의 기준은 5년으로 줄어든다. 이 경우 연 상환 금액은 4,121만 원까지 늘어나 DSR은 58%까지 치솟는다. DSR을 40% 이내로 낮추려면 연 상환 금액을 2,800만 원 이내로 관리해야 하니 신용 대출을 없애거나 담보 대출을 줄이는 수밖에 없을 것이다.

그러나 이 규제는 기존에 대출받은 차주에게는 적용되지 않고, 새로 대출받는 사람에게만 해당된다. 그러니까 이미 대출받아 집을 산 경우라면 이사를 가지 않는 이상 기존 대출 금액에 대해 재심사가 이루어지지 않지만, 앞으로 주택 구매 계획이 있는 사람들은 가용한 대출 규모가 상당히 줄어들 것이다. 최근 정치권에서 사회 초년생이나 생애 최초 구입자에 한해서 LTV를 90%까지 풀어 주자는 목소리가 나오고 있다. 그러나 실제로 DSR이 적용되면 LTV를 90%까지 받는 경우는 극히 제한적일 것이다.

이러한 대출 규제 강화는 표면적으로 가계 부채 건전화의 모습을 띠나 실제로는 빚내서 집 사는 수요를 억제하고자 하는 의도가 담겨 있다. 애초에 8.2 대책에서 LTV를 40%까지 줄인 이후 당시 기준으로 40%를 다 대출받았다 해도 이미 집값이 더 빨리 올라 현재 시세 기준으로 LTV가 30% 이하로 떨어진 가구가 다수다. 그동안 시간이 지난 만큼 원금 상환까지 이루어졌다고 보면 실제로 기존 매입 가구의 재무 건전성은 선진국 중에서도 독보적이라고 봐야 한다. 그런데 이 가구들이 새로 대출을 받아 다시 상급지 주택으로의 이동을 시도한다면 집값이 이미 막대하게 오른 상태에서 40%만 대출받더라도 수억 원 단위의 승인이 쉽게 날 테고 고가 주택 수요에도 불을 지르게 된다. 그래서 15억 원 이상 주택에 대한 담보 대출이 이미 금지됐고, DSR을 통해 영끌 매수를 최대한 억제하려는 의도가 있다고 봐야 할 것이다.

대출받지 않고 집을 살 방법은 없을까?

그런데 대출받지 않고 집을 살 방법은 없을까?

2021년 5월 3일, 공공 주택 특별법 개정안이 국회를 통과했다. 여기에는 지분 적립형 주택에 대한 내용이 담겼는데, 이는 주택을 분양받은 사람이 최초에는 주택의 20~30% 지분만 취득하고 나머지 지분은 20~30년에 걸쳐 분할 취득하는 새로운 방식이다.

나머지 지분은 LH나 SH 같은 공기업이 보유한다. 그리고 내가 갖지 않은 지분에 대한 대가는 해당 금액만큼 책정한 월세 형태로 납부하는 방법이다.

만약 전세를 산다면 이 집에 대한 소유권이 영영 없을 테니 자본 축적이 어렵지만, 장기간에 걸쳐 지분을 취득하며 분양가를 갚아 나가면 언젠가는 내 집이 된다는 관점에서 어느 정도 장점이 있다. 은행에서 억 단위 돈을 빌려 집을 사면 각종 대출 규제를 받지만, 이 경우 LH·SH에서 나머지 금액을 빌리는 것이 되기 때문에 그런 문제도 없다.

그런데 의아한 점이 있었다. 일단 이 집을 분양받으면 최소 5년 간은 실거주해야 하며 10년간은 전매도 할 수 없다. 전매 제한 규정을 어기면 3년 이하 징역 또는 이익의 세 배 또는 3,000만 원 이하의 벌금을 부과받는다.

10년 후에는 제3자에게 팔 수 있지만 매도 가격을 마음대로 정할 수 없고 정부가 정한 정상 가격 이하로만 팔 수 있다. 아직 집의 지분을 100% 소유한 게 아니기 때문에 지분율만큼의 금액만 받고 빠지는 것이다. 정말로 이 집을 팔고 싶으면 좀 더 눌러 살면서 20년, 30년 분양가를 갚아 완전히 내 것으로 만든 이후에나 가능한데, 이는 주택 소유자 입장에서 엄청난 족쇄다.

일단 이 주택은 신혼부부와 사회 초년생을 주요 타깃으로 하기 때문에 평수가 그리 넓지 않을 텐데, 아이가 태어나면 당장 면적이 문제가 될 것이다. 다른 집을 알아보자면 형식상 유주택자이기 때문에 청약은커녕 다주택 규제까지 받게 될 것이다. 울며 겨자 먹기로 30년을 버텨 완전히 내 집으로 만들어도 이미 건물은 구축이 돼서 재건축을 바라보게 되는데 그사이 이 아파트의 소유 관계가 복잡하고 불분명해져서 이를 해소할 방법이 없다.

그나마 분양을 받기 위해서는 또 맞벌이 합산 소득 얼마 이하, 신혼 몇 년 이하, 자녀 수 가점 등 까다로운 조건을 통과해 선발돼야 하는데 그렇게 해서 무엇을 얻을지, 이게 누구를 위한 정책인지는 참 이해하기 어렵다. 결국 지분 적립형 '주택'은 주택이지만 내 집이라 말하기 어려우니 이를 지분 적립형 '무주택'이라 불러야 할지 고민될 정도다.

공공과 민간이 함께
성과를 만들 때

2021년 4월, 서울 시장 보궐 선거가 있었다. 서울은 연간 40조 원 규모의 예산을 운영하는 거대 지자체이고, 시장의 권한은 다방면에 막강하니 누가 시장이 되느냐가 주택 시장에 미치는 영향도 지대할 수밖에 없었다.

당초 3파전의 박빙을 예상한 것과는 달리 투표 결과 오세훈 후보가 57.5%의 지지율을 얻으면서 가볍게 당선됐다.

여러 공약이 있었지만 그는 부동산과 관련해 용적률 규제 완화와 재개발·재건축 '정상화'를 내세웠다. 재개발은 2015년부터, 재건축은 2018년부터 신규 지정이 중단돼 완전히 멈췄는데,

다시 민간 차원에서 정비 사업이 진행될 수 있도록 드라이브를 걸겠다는 것이었다. 특히 1종, 2종, 3종으로 나뉘어 있는 일반 주거 지역을 통합하고 용적률을 300%까지 올려 주는 방안을 제시했는데, 이렇게 되면 공공 재개발에 의존하지 않아도 민간에서 사업성을 충분히 확보할 수 있었다.

한강변의 경우 35층으로 일괄 제한된 층수 규제를 풀고 건축물을 높이는 대신 20~30%의 땅을 회수해 한강으로 드나들 수 있는 통경축(조망 확보 공간)을 만들겠다고 했다. 이렇게 되면 사업이 오랫동안 지연되고 있는 한강변의 낡은 아파트들이 첼리투스나 트리마제 같은 고층 건물로 바뀌어 신규 공급의 효과도 기대할 수 있게 된다.

문제는 민간 차원에서 사업이 추진되면 필연적으로 주변 집값을 자극하거나 개발 이익을 독점하는 등의 부작용이 어느 정도는 생긴다는 것이었다. 오세훈 시장은 이에 대해 "구더기 무서워하면 장 못 담그는 것"이라며 부작용이 일부 있더라도 당선 이후 과감한 정책을 펴 나갈 것이라고 밝혔다. 그러나 현실은 만만치 않았다. 시장이 아무리 많은 권한을 가졌어도 실제로 일을 하려면 서울시의회의 동의를 받아야 한다. 그런데 서울시의회 109석 중 101석을 여당이 차지하고 있어 1년 임기의 보궐 시장 단독으로 행사할 수 있는 권한은 극히 적었다. 용적률 규제를 풀려면 결국 조례를 개정해야 하는데, 이에 대해 오 시장은 "용적률을 푸는 건 시의회 협조가 필요하다. 조례를 개정해야 한다. 그래도 걱정을 많이 안 하는 게 이것들은 보편적으로 많이 접수되는 지역 민원이기 때문이다"라는 입장을 보였다.

취임 1주일 안에 재건축 규제를 풀겠다고 호언장담했으나 막상 취임 직후 그의 행보는 아리송했다. 개발 기대감에 서울 재건축 아파트 값이 억 단위로 뛰면서, 아무리 주택 공급이 중요해도 일단 기선을 제압할 필요성이 생겼기 때문이다. 서울시는 재건축 수혜지로 거론되던 압구정, 여의도, 목동, 성수 네 곳을 토지 거래 허가 구역으로 추가 지정했다. 그러면서 "서울 시내에 489개의 재건축·재개발 단지가 있고 90%가 넘는 단지들은 원래 계획대로 순항 중"이라며 재개발 활성화 대안을 더 발표할 것이라고 말했다. 또 주거 정비 지수제[10]를 폐지하고 층수 규제를 완화하는 등 재개발 규제 완화 방침을 내비치면서 하나씩 패를 내보이고 있다. 그러나 여전히 현실은 만만치 않아서 서울 시내 재건축·재개발에 대해 조합원 지위 양도 금지 시점을 서울 시장 권한으로 재건축은 안전 진단 시, 재개발은 구역 지정 시까지로 당길 수 있게 하는 방안도 나오고 있다. 이른바 구더기가 장에 뛰

---

10 서울시에서 재개발 사업을 할 때 주민 동의율과 건물 노후도 등을 기준으로 점수화해서 재개발 사업 신청을 할 수 있게 한 제도로, 기준이 까다로워서 오히려 재개발 사업의 추진을 저해하는 부작용이 있었다.

어드는 것을 막기 위함이지만 이러한 규제가 공급 속도에 미칠 부정적 영향도 상당할 것으로 예상된다.

오세훈 시장 시대의 정책들이 어떤 결과를 낳을지 아직 판단하기 어렵다. 주어진 임기는 1년에 재선에 성공해야 5년 임기를 추가로 부여받는 입장이라 많은 것을 보여 주기에는 시간이 짧다. 이는 오세훈 시장이 1년 안에 어떤 형태로든 성과를 달성해야 다음 임기를 노릴 수 있다는 뜻이다.

하지만 한 가지는 명확해졌다. 이제 공공의 이름으로만 일컬어지던 재개발과 재건축에서 민간이 무엇을 할 수 있는지 다시 묻는 상황이 됐다. LH와 SH가 공급을 독점하던 현실에서 다시 민간이 시장 작용에 의해 개발에 나설 수 있는 물꼬가 조금은 트였다.

어느 시장에서나 경쟁은 성과 창출의 가장 좋은 도구다. 나는 공공과 민간이 다시 다투면서 구체적인 주택 공급 성과들을 만들어 가기를 바란다. 어느 한쪽이 반드시 옳거나 우월할 리 없으니 각자의 노선과 방식대로 최선을 다해 경쟁했으면 한다. 국토교통부와 서울시도 이것이 원활하게 이루어지도록 제도적 지원을 아끼지 않으면 좋겠다. 국토교통부가 잘한다고 서울시가 손해 보는 것이 아니고, 서울시가 성과를 만든다 해서 그것이 국토교통부의 흠일 리 없기 때문이다. 정치 과잉, 감정 과잉의 시대에 행정의 역할이 무엇인지 돌아보면서 정책이 다시 민간의 물음에 현명하게 응답해 주기를 바란다.

앞으로의 주거 문제를 해결할
또 하나의 구원

지금까지 살펴본 대로 서울 시내에서 재개발·재건축 방안이 다
양하게 추진되고 있지만 실제로 갈 길은 멀다. 이를 통해 확보할
수 있는 주택 순공급도 제한적이지만 물리적으로 많은 시간과
노력이 소요되는 일들이기 때문이다. 그나마 의지에 따라 빠르
게 추진할 수 있는 것은 신도시 개발인데 3기 신도시의 경우에
도 LH 사태라는 암초를 만나 입주까지는 몇 년이 더 필요할 것
으로 보인다.

　그런데 이러한 신도시 개발에 앞서 더 생각해 볼 문제가 있
다. 바로 1기 신도시다.

신도시의 목적은 기본적으로 주택 공급을 늘려 주거 수요를 수도권으로 분산하는 것이다. 이런 신도시를 조성하려면 막대한 예산이 필요한데, 택지 조성부터 시작해 도로, 철도, 전력, 난방, 상하수도, 학교, 공원, 경찰, 소방, 도시가스 등에 대한 사회 기반 시설 투자가 필요하기 때문이다.

실제로 국토교통부 자료에 따르면 1기 신도시 건설에 총사업비 10조 4,000억 원 이상 소요됐고, 이는 1992년 정부 예산이 33조 2,000억 원 수준이던 것을 감안하면 거의 국가 재정의 3분의 1에 달하는 규모였다. 또 1기 신도시 건설 비용을 토대로 건설산업연구원에서 추산한 자료에 따르면 김포, 파주, 화성, 판교의 4개 신도시를 건설하는 데 토지 보상비를 제외하고 약 27조 원이 들 것으로 예상했다. 3기 신도시는 남양주 왕숙 신도시 한 곳을 건설하는 데만 토지 보상비를 포함해 14조 7,000억 원이 소요될 것으로 추산하고 있다. 그러니 5개 신도시를 건설하는 데는 어림잡아 50조 원이 넘는, 어쩌면 100조 원에 근접하는 막대한 투자가 필요하리라 예상된다.

그러나 서울에서 30㎞ 거리에 조성된 2기 신도시 사례를 보면 결과는 그리 좋지 않았다. 자족 기능이 전무하다시피 한 주거 중심의 도시로 조성됐으나 서울 시내 주요 업무 지구와의 교통 연계성이 확보되지 않다 보니 통근에만 왕복 세 시간이 걸렸다.

늘 하는 이야기이지만 광역 교통 대책은 제때에 제대로 완성

되지 못했다. 앞서 지적한 대로 청라 신도시의 지하철 7호선 연장은 아직까지 착공조차 못 했으며, 2010년을 전후로 입주가 시작된 파주 운정 신도시의 GTX-A가 그나마 2023년 이후로 가시권에 있을 뿐이다. 김포 한강 신도시 주민들은 도로 정체가 매일같이 이어지는 탓에 2량짜리 김포 골드라인에 기대 힘겨운 출퇴근 전쟁을 벌이고 있고, 양주 옥정 신도시의 경우 GTX-C를 하염없이 기다리고 있다.

이러한 상황에서 기존에 조성된 2기 신도시보다 서울에 더 가까운 지역에 3기 신도시를 짓겠다는 것은 2기 신도시에 투입된 막대한 사회적 투자의 효과를 반감한다. 또 3기 신도시의 교통 여건을 확보하려면 지하철, 도로 등에 새로운 투자가 필요한데, 2기 신도시에 앞서 이를 추진하면 우선순위나 형평성 측면에서 또 다른 갈등의 소지가 될 수밖에 없다.

특히 저출생 문제가 갈수록 심각해져 역삼각형 형태로 진행되는 우리나라의 인구 구조를 감안하면 3기 신도시가 본격적으로 자리 잡을 2040년경에는 수도권의 주거 수요가 무한히 팽창하리라고 보기 어렵고, 오히려 역성장할 가능성도 배제할 수 없다.

이러한 상황에서 중장기적 계획 없이 무작정 새로운 신도시 건설에 매달리다 보면 과거에 조성된 외곽 신도시의 경우 일본의 다마 신도시처럼 점차 도시로서의 활력을 잃고, 낡고 쇠락해 슬럼화될 가능성마저 있다.

무작정 도시의 물리적 확장만 거듭하는 것의 위험성을 충분히 고려하고 기존에 건설된 오래된 신도시를 어떻게 활용하고 보수할지 고민해야 할 시점이다.

1기 신도시의 쓸모

이러한 이해를 바탕으로 1기 신도시의 상황을 살펴보자. 1990년대 초반~1997년까지 약 30만 호가 입주한 1기 신도시는 현재도 약 116만 명이 거주하는 거대 도시다. 그리고 곧 입주 30년을 바라보게 된다. 서울 시내 아파트들도 입주 30년을 지나 40년을 향하면서 노후화 문제가 본격적으로 제기됐으니 1기 신도시도 같은 단계에 들어선다고 봐야 할 것이다.

그런데 이런 거대 도시를 한 번에 재건축하기는 어렵다. 일단 철거 기간 동안의 이주 수요를 흡수할 대안이 마땅치 않고, 단기간에 대규모 공사가 집중되면 비용 문제도 커지니 적정 시점부터 순차적으로 도시 재생 계획을 고민해야 한다. 만약 지금부터 대비하지 않으면 10년이 지나도 1기 신도시는 그대로일 테고, 노후화 문제가 더 심해져 주거 환경이 점점 더 나빠질 수밖에 없을 것이다.

기본적으로 1기 신도시는 몇 가지 좋은 배경을 가졌다. 일단 사회 기반 시설이 완벽하게 구축돼 있기 때문에 추가 투자가 많이 필요하지 않다. 앞서 언급한 택지 조성, 도로, 철도, 전력, 난방, 상하수도, 학교, 공원, 경찰, 소방, 도시가스 등에 대한 투자가 이미 완료됐기 때문에 시설의 유지·보수를 위한 경상적 투자만 이어진다면 대규모 투자 없이 계속 활용할 수 있다.

공급 여력의 관점에서 1기 신도시의 평균 용적률은 198%로, 2기 신도시의 179%보다는 조금 높지만 여전히 3종 주거 지역 기준(200% 이상 300% 이하)에는 미치지 않는다. 특히 일산(169%)과 분당(184%)은 상당한 여유가 있어 재건축 사업을 추진할 때 순공급 효과가 클 것으로 예상되고, 제도적 지원만 있다면 민간 차원에서도 충분한 사업성을 확보하고 자생적 도시 재생을 진행할 수 있으리라 기대된다.

획일적인 재건축 사업이 어렵다면 리모델링을 통한 활로도 찾아볼 수 있을 것이다. 특히 1기 신도시에는 18~20평의 소형 아파트가 꽤 많이 분포해 있다. 지금은 노후화 문제로 수요자들의 관심에서 벗어나 있지만 실상 신혼부부의 첫 집으로 충분히 기능할 수 있다. 2~3인 가구의 거주 목적에도 충분히 대응할 수 있으며, 대부분 지하 주차장을 갖추고 있고 면적이 작은 만큼 가격도 비교적 낮게 형성돼 있어 적정 주택Affordable Housing으로서 주거 사다리 역할을 기대할 수 있을 것이다.

1기 신도시는 항상 신도시의 발목을 잡는 교통 문제에서도 상대적으로 자유롭다. 도시가 조성된 지 이미 30년을 바라보고 있어서 기존에 투자된 도로와 철도 기반이 상당할 뿐 아니라 GTX같이 새로 추진되는 광역 교통 대책에도 연결돼 있어 향후 교통 여건이 더 좋아질 것으로 기대되기 때문이다. 분당 신도시의 경우 이미 경부축 중심으로 한 교통 요지의 장점을 확고하게 갖췄으며, 일산 신도시는 GTX-A가 관통할 예정이다. 중동의 경우 7호선 지하철이 강남까지 직결돼 있으며 GTX-B 노선 건설이 추진 중이고 평촌과 산본은 지하철 4호선을 끼고 있으면서 GTX-C가 금정역을 지날 예정이다. GTX 노선 건설에는 상당한 시간이 소요되겠으나 1기 신도시 재생 시점을 2030년 이후로 보면 교통 대책이 선행되고 도시 재생이 따라가는 형태로 사업을 전개할 시간적 여유가 충분한 것이다.

신도시 건설에만 매달리지 말아야 할 이유

문제는 재생 사업에 필연적으로 수반되는, 멸실에 따르는 일시적 이주 수요다. 1기 신도시에 거주하는 100만 명 이상의 대규모 인구를 일시적으로나마 완충할 장치가 전무하다 보니 역으로 사업 추진 기간 동안 수도권 전역의 주거난이 더욱 가중될 것이라는 우려가 따른다. 이는 서울 시내 재건축 사업에도 동일하게 적용되는데, 이미 입주 30년이 넘은 상계동과 목동도 같은 이유로 일률적인 재건축을 추진하기 어려운 상황이다.

3기 신도시 건설과 1기 신도시 재생을 연계해서 추진하는 것이 부작용을 줄이는 한 가지 방법이다. 즉, 3기 신도시 물량이 집중적으로 공급되는 시기와 1기 신도시의 멸실 시기를 일치시켜 사업을 추진하는 것이다. 그렇게 하면 순공급 물량이 어느 정도 평행점을 찾으면서 이주 수요가 흡수돼 단기적인 주택 시장 불안정을 방어할 수 있고, 1기 신도시 재건이 완료되는 3~4년 이후에 새로운 공급이 가능할 것이라는 기대도 시장에 전달할 수 있다.

2기 신도시에 대한 광역 교통 대책은 늦었지만 시급히 추진해야 한다. 이를 통해 기존에 건설한 신도시들이 주거 수요 분산이라는 본래의 목적을 충분히 달성하고, 시간이 흐른 후에도 경쟁력을 갖고 수요자들에게 선택받을 수 있도록 해야 한다. 무작정 새로운 신도시를 짓고 사회적 자원을 투입해 전 국토를 도시화하는 것은 현실적이지도 않지만 경제적으로도 비합리적이다.

나는 이 문제가 다음 대선에서 중요한 어젠다로 논의됐으면 한다. 그리고 아직 자본 여력은 부족하지만 미래를 살아가야 할 젊은 세대들이 든든한 주거 마련의 터전으로 1기 신도시를 다시 찾으면 좋겠다. 부모 세대가 따뜻한 가정을 꾸리고 살아가며 점차 이 사회의 중산층으로 발돋움하는 데 무엇보다 큰 그루터기

가 된 1기 신도시의 르네상스가 다음 10년의 주거 문제 해결을
위한 또 하나의 구원이 되기를 바란다.

— 이 글은 〈동향과 전망〉 111호에 실었던 글을 일부 편집한 것입니다

내 집 마련을 위한
현실적 목표

젊을 때는 다들 돈이 없다. 물론 부모에게 경제적 지원을 받아 시작하는 이들도 있지만 이는 예외적이다. 건강한 몸과 영리한 머리, 성실한 습관을 물려받았으면 인생이라는 경주를 달려갈 충분조건을 갖춘 셈이다.

젊어 돈이 없는 게 이상하거나 잘못된 일은 아니지만 세상은 또 돈 많은 사람 천지다. 어쩔 수 없다. 5,000만이 모여 사는 나라에 건물과 집이 이렇게 많은데 그것들에 다 주인이 있으니 말이다. 그 자본은 1~2년 사이에 축적된 것이 아니라 지난 수십 년간 대한민국의 경제 발전과 더불어 자라 왔기 때문에 젊은이가 맨주먹으로 움켜쥐기 어려운 것은 당연하다.

여기에서 갈림길이 시작된다. 당장은 돈이 없지만 조금씩 쌓아 올려 언젠가 내 것을 갖고 조금씩 늘려 갈지 아니면 빌려 쓰는 데 익숙해지고 소유는 내 길이 아니라고 선언할지 말이다.

나 역시 그랬다. 평생 은행 좋은 일만 시키다 갈 일 있느냐고, 전세도 큰돈이 묶이니 싫고 그냥 매달 월세 내면 돈 떼일 일 없고 집주인한테도 고객님으로 대접받을 수 있다고 생각했다. 어차피 그때도 집값은 다 5억 원, 7억 원이었고 내가 가질 길은 없어 보였다. 수중에 있는 돈은 5,000만 원이 전부. 그나마 자동차 할부금 1,000만 원이 카드빚으로 있었다.

가진 돈으로 서울 시내는 어림도 없었고, 경기도 신축 아파트의 전세를 알아보러 갔더니 2억 원도 넘었다. 가난하다고 모르겠는가, 새집 좋다는 것을. 다만 그걸 누릴 경제적 능력이 충분치 않았을 뿐이다.

그나마 내가 우연히 얻은 행운이 있다면 전세 자금 대출이 그렇게 쉽게, 많이 된다는 걸 알게 된 것이다. 나는 정말로 몰랐다. 1억 원도, 2억 원도 전세 대출로 빌릴 수 있다는 것을.

그리고 또 하나의 행운은 회사에서 1% 저리로 주택 구입 자금을 8,000만 원까지 빌려주었다는 것이다. 은행에서도 LTV 70%까지 넉넉하게 한도 설정을 해 줬으니 당장 가진 돈은 적어도 2억 원짜리 집은 살 수 있었다. 금리는 3% 내외, 담이 작아서

2억 원까지는 대출을 못 받고 1억 2,000만 원 정도 빚을 내 1억 7,000만 원짜리 집을 샀다. 20년 넘은 19평짜리 1기 신도시 아파트.

그런 집은 오르지도 않고, 갖고 있어 봐야 애물단지고, 청약 점수만 못 쌓게 하며, 녹물 나와서 지긋지긋하고, 앞으로 집값 떨어질 일만 남았다고 말하는 사람이 그때도 천지였다. 그런데 나는 비교적 단순해서 에라, 이거 1억 4,000만 원 주고 전세 살 바에야 그냥 2,000~3000만 원 더 주고 사 버리자고 생각했다. 그래야 도배라도 마음대로 하고, 벽에 못도 박을 것 같아서. 끝끝내 못은 마음대로 못 박았다. 콘크리트가 20년 넘으니 망치로 두드려서는 아예 못이 들어가지 않았다.

하여튼 거기서 2년 살면서 아내와 내가 버는 돈은 무조건 모두 은행에 넣었다. 그때는 마이너스 통장도 쓰지 않았다. 1,000만 원쯤 남은 차 할부금부터 우선적으로 갚고 그다음부터는 담보 대출을 갚아 나갔다. 조기 상환 수수료가 있었지만 어차피 안 갚으면 몸통 이자가 더 크니 신경 쓰지 않고 밀어 넣었다. 1억 2,000만 원 빚은 30년짜리였는데 1년 반쯤 지나니 8,000만 원 아래로 내려가 있었다.

그사이 그런데 집값이 올랐다…?

1억 7,000만 원 주고 산 집이었는데, 부동산에 물어보니 2억 1,000만 원, 2억 2,000만 원에 거래되고 있었다. 만약 2억 2,000만 원에 집을 팔고 담보 대출 8,000만 원을 빼면 수중에 1억 4,000만 원이 남아 결혼할 때와 비교하면 거의 1억 원이 새로 생긴 셈이었다. 10억 원 가진 사람에게 1억 원 느는 것은 크게 티가 나지 않지만 이제 막 돈을 모으는 입장에서는 엄청난 일이었다.

양도 소득세 때문에 2년 실거주 기간은 채워야 하니 반년 남아 있었는데 우리는 그 반년 동안 대출을 2,000만 원 넘게 또 갚았다. 그리고 결국 2억 1,700만 원에 집을 팔았다. 시기가 기묘하게 좋기는 했다. 그 집은 우리가 판 이후로 오랫동안 시세 2억 원 이하로 떨어져 있었다

그 돈 들고 서울 끝자락, 장모님 댁 바로 옆 뉴타운 아파트로 넘어왔다. 아이가 생겼기 때문이다. 가진 돈이 빤하니 20평대를 보러 갔는데 3억 8,000만 원을 불렀다. 2억 4,000만 원을 대출받기가 부담스러우면서도 지금 같은 페이스로 살면 갚을 수 있겠다는 생각이 들었다.

그런데 '몇 달 지나면 좀 떨어지겠지' 하고는 설 지나 부동산에 갔더니 4억 원을 달라고 했다. 집도 그렇게 마음에 들지는 않았다. 부동산에서 믹스 커피 한 잔 마시며 마음 달래는데 32평이 4억 2,000만 원에 나왔다는 이야기를 들었다.

'2,000만 원 차이에 32평이면 가성비가 엄청난데?'

그 집에 가 보니 끝동 2층 필로티로, 한낮인데 집이 어두컴컴했다. 집 앞은 놀이터. 늘 시끄러울 게 뻔했다. 그래도 가격이 꽤

찮으니 조금 무리하면 살 수 있겠다고 생각했다. 어차피 맞벌이 신혼에 한 사람 월급 털어 넣으면 반년 차이일 뿐이었다. 그런데 또 집주인이 어깃장을 냈다. 4억 3,000만 원을 안 주면 안 판다는 것이었다. 에이, 기분이 또 상했다.

다시 믹스 커피를 마시며 마음을 삭이는데 사장님이 슬쩍 물어본다.

"로얄동 나온 게 있는데 집이나 한번 보시라고…."

얼마냐고 했더니 주저하다가 가격은 좀 있는데 일단 가 보잔다. 거실이 저 멀리까지 뚫려 있고 해도 잘 들었다. 무엇보다 느낌이 반듯하고 따스했다. 그 자리에서 4억 6,000만 원에 계약했다. 마치 홀린 사람처럼. 원래 생각한 3억 8,000만 원보다 거의 1억 원을 더 준 셈이지만 2년 열심히 벌어서 다 갚자고 생각했다.

어차피 애 있는 월급쟁이의 노동은 ① 내 집을 갖고 ② 자식 키우고 ③ 맛있는 것 먹고 살기 위해 하는 것이다. 그렇게 첫 집에서 두 번째 집으로 갈아탔다.

그때 19평에서 32평으로 점프하지 않았다면 아마 아직 힘들었을 것이다. 6개월 지나니 시세가 5억 원을 넘었기 때문이다.

이때부터는 대출을 최대한 천천히 갚기 시작했다. 대신에 별도 계좌에 돈을 모았다. 대출 이자가 2.5%로 워낙 낮았던 데다 시드머니를 모아야겠다고 생각했기 때문이다.

또 내 주변에 있는 집들이 달리 보이기 시작했다. 일단 사용 가치에 비해 가격이 그리 높지 않아 보였다. 전세가 3억 원이면 집값은 4억 원이었다. 그러나 그것이 영원히 4억 원일 리는 없어 보였고, 만약 저 집을 사서 세를 주다가 20년 월급쟁이 하는 동안 3억 원 전세금을 다 빼 주면 어떻게 될지 생각하기 시작했다.

그렇다면 나도 노후에는 진짜 집주인이 될 수 있을 것이다. 어차피 주택의 사용 가치는 장기적으로 물가를 따라갈 수밖에 없을 것이다. 그런 생각으로 지난 6, 7년을 살아왔다. 자산이 커지고 빚도 많아져 무게가 무거워졌다. 일상에서 크게 달라진 것은 없다. 그저 10년 뒤, 20년 뒤를 바라보며 묵묵히 걸어갈 뿐이다.

자기 돈은 없으면서 은행에 기대 투기를 했다고 생각할 수도 있다. 그런데 가진 것 없는 월급쟁이는 그렇게 해서라도 자기 집을 갖지 않으면 이 경주에서 살아남을 수 없다. 1년에 2~3억 원씩 벌어서 집값 같은 건 무시해도 되는 처지가 아니고서는 말이다. 가능하면 어떻게든 자기 집을 갖고 조금씩 더 나은 곳으로 갈아타며 자본을 쌓아 가는 길뿐이다.

다주택 보유라면 대단한 것 같지만 마찬가지다. 잉여 자본을 묻어 놓고 긴 세월을 버텨 온전히 자기 것으로 바꿔 가는 수단일 뿐이다. 조정 지역에서 제외됐다고 그곳 집을 샀다 팔았다 하며 몇천만 원 벌었네, 피가 얼마네 하는 재주는 내게 없었고, 지금은 아니지만 10년 뒤에 지금보다 부자가 될 방법을 거기에 두었을 뿐이다. 그 속도와 규모가 예상보다 빠르고 컸던 것은 순전히 행운의 영역인데, 그렇지 않았대도 크게 달라지지 않았을 것이다.

지금 결혼하는 주변 친구들을 보면 사실 막막하고 갑갑하다. 1~2억 원을 모은 사람들이 꽤 있는데 그 돈으로 비빌 곳이 없기 때문이다. 《돈이 없을수록 서울의 아파트를 사라》에서 집중적으로 소개한 4~5억 원짜리 아파트들은 지금 다 7~9억 원이 됐다. 접근하기가 불가능하다. 게다가 대출도 40%밖에 안 나온다.

그렇다면 길이 없을까?

그렇지 않다. 나도 서울에서 시작할 수 없었다. 최근 1~2년간은 3~4억 원대의, 경기도지만 교통 여건이 서울 뺨치는 신축 집들이 분명히 있었다. 여러 친구, 선배에게 추천했고 실제로 여러 가족이 입주했다. 그때 그 집들도 전세가 3억 원씩은 했다. 지금은? 최근 찍힌 실거래가가 6억 원을 넘었다. 대출을 2억 원 받아 3억 5,000만 원 주고 산 집이 6억 원이 됐고, 그사이 대출금 5,000만 원을 갚았으면 자산은 3억 원 늘어난 것이다.

본질은 단순하다. 시드머니를 갖춰야 한다. 어떻게든 1억 원을 만들고 2억 원까지 만들면 더 좋다. 부모님 집에서 동거하며 20대 후반에 직장 생활 시작해 버는 돈 몽땅 모으면 1억 원이 불가능한 이야기는 아니다.

그리고 현실적 목표를 설정하고 방법을 찾아야 한다. 10억 원, 20억 원 하는 강남 집값 아무리 쳐다봐야 전혀 도움이 되지 않는다. 회사까지 1시간 이내, 가능한 한 지하철역 가까운 곳, 이왕이면 신축, 다른 집들이랑 모여 있는 곳. 그런 곳에 입주했으면 열심히 벌어서 빚을 줄인다. 이제 주택 시장에서의 최소한의 중력에는 안착했으니 다음으로 나아갈 최소한의 토대는 갖춘 셈이다. 그리고 다음 스텝은 또 현실적 범위 내에서 모색하면 된다. 이미 집을 가진 사람들은 가만히 앉아서 집값을 번 것 같지만 그렇지 않다. 다들 똑같이 그 길을 지나왔다.

국가가 내게 무언가를 해 줄 것이라는 기대도 버리자. 이 글을 여기까지 읽은 사람이라면 어차피 지원 대상에 해당하지 않을 것이다. 자신의 일은 스스로 해야 한다. 그렇게 빠듯하게 살다 보면 가끔 행운이 찾아온다. 아무것도 하지 않았다면 겪지 못했을 일들이.

모두가 기분 나쁜 부동산의 시대

초판 1쇄 인쇄 2021년 8월 4일
초판 1쇄 발행 2021년 8월 11일

지은이 김민규
펴낸이 이경희

펴낸곳 빅피시
출판등록 2021년 4월 6일 제2021-000115호
주소 서울시 마포구 월드컵북로 400, 서울산업진흥원 5층 16호
이메일 bigfish@thebigfish.kr

값 16,500원
ISBN 979-11-91825-02-2 03300